구역공과시리즈 일곱번째

신앙 성숙을 향한

목마를 갈

바랄 망

한의수 지음

Desire of growing faith

우리가 다
하나님의 아들을 믿는 것과
아는 일에 하나가 되어
온전한 사람을 이루어
그리스도의 장성한 분량이 충만한 데까지
이르리니
에베소서 4:13

ESP

저자소개

한의수 목사

전북대 경영학과 졸업
개혁신학연구원 졸업
미국 Knox Thelogical Seminary 목회학박사 (D.Min)
사단법인 기독대학인회(ESF)대표 역임
학복협 공동대표 역임
문홍장로교회 담임목사
광주광신대학교 강사

구역예배/목장모임
셀모임을 위한 성경공부

신앙성숙을 향한 갈망

저　　자 ● 한의수
초판발행 ● 2007. 11. 25
발 행 처 ● 사) 기독대학인회 출판부(ESP)
판　　권 ● ⓒ ESP. 2007
등록번호 ● 제 12 - 316호

주　　소 ● 서울시 강북구 미아8동 317-8
전　　화 ● (02) 989-3477
팩　　스 ● (02) 989-3385
이 메 일 ● esfpress@hanmail.net
디 자 인 ● 정진식
　값　　 ● 4,000원

ISBN 89-89108-52-8

신앙 성숙을 향한
갈망

구역예배/ 목장모임/ 셀모임을 위한 성경공부
직장신우회/ 대학청년부/ 그룹성경공부

목 차

* 본문에 사용된 말씀은 개역개정판 입니다.

신앙성장을 갈망하는 분들을 위하여...

성령의 도우심으로 거듭남을 체험한 사람은 영의 눈이 떠집니다. 영의 눈이 떠진 사람은 영광스러운 하나님의 세계를 보고 깜짝 놀라게 됩니다. "와~ 이런 세계가 있었구나!" 경이와 감격 속에서 신앙생활을 시작합니다.

그런데 시간이 흐르면서 그 기쁨과 감격은 적어지고 신앙 정체 속에서 몸부림치고 있는 자신을 발견합니다. 때로는 회의와 좌절 속에서 침몰해가는 자신을 발견하고 탄식하게 됩니다. "이것이 아닌데? 분명 신앙 속에는 영광스러운 길이 있을 터인데 · · · 내가 그 길을 찾을 수만 있다면? 그 길을 찾아 달려가리라" 신음하며 그 날을 기다립니다.

21세기 한국교회의 대부분 신자들이 이런 고민을 하고 있습니다. 신앙 성숙을 향한 몸부림을 치고 있습니다. 우리나라 경제성장에 걸맞는 영적 풍요함과 성숙을 갈망하고 있습니다. 성도들의 경제적, 지적 수준이 높아진 만큼의 영적 풍요함과 성숙을 갈망하고 있습니다. 한편 목회자들도 깊은 고뇌에 잠겨 있습니다. 성도들이 웬만해서는 만족할 줄 모르는 고급 귀를 가지고 있고, 웬만한 음식은 거들 떠 보지도 않는 짧은 혀를 가지고 있는데 그 욕구를 채워줄 수가 없는 것입니다. "이를 어찌할꼬?"

그 해결책은 역시 하나님께 있습니다. 영원한 진리인 성경을 좀 더 깊게 묵상하고 삶에 적절하게 적용함으로서 신앙의 초보를 벗어나서 그리스도의 장성한 분량에 이를 수 있는 것입니다. 인간이 아무리 성숙한들 하나님 앞에서는 아이에 불과합니다. 지적으로나 영적으로나 인격적으로 아이에 불과한 인간들이 하나님 앞에서 겸손히 배우게 될 때 아브라함처럼 영원한 하나님의 진리를 깨닫고 영적 풍요함을 엔조이 할 수 있는 것입니다.

신앙 성장, 영적 풍요함을 갈망하는 분들을 위하여 40년 성경연구와 목회 현장의 경험을 통하여 영적교제(Spiritual Fellowship)의 교재를 만들었습니다. 매 주 한과씩 1년 동안 공부할 수 있도록 52과로 만들었습니다. 바쁜 현대인들이 짧은 시간 속에서 대화식으로 은혜롭게 공부할 수 있도록 배려하였습니다. 교회 구역, 셀 모임, 청년대학부 모임, 선교단체 소그룹, 직장 성경공부 등에 활용하여 좋은 반응을 얻고 있습니다. 좋은 믿음의 가족들과 함께 삶의 애환을 나누며 이 교재를 가지고 성경을 공부하면 맺힌 삶의 실타래를 풀 수 있을 것입니다.

2007.11.20
말씀의 종   한의수 목사

구역예배는 이렇게...

네가 죽도록 충성하라. 그리하면 내가 생명의 면류관을 네게 주리라"
(계2:10)

1. 구역 예배 목적

구역 예배의 목적은 친교, 전도, 교육입니다. 같은 하나님의 권속으로서 성도들 서로의 형편을 알고 기도해주며 그리스도의 사랑을 실천하는 친교는 주로 구역 예배를 통하여 이루어집니다. 그러므로 구역 예배시 성도님의 가정형편을 묻고 기도하며 풍성한 음식 교제를 나눔은 매우 유익합니다. 은혜가 풍성한 교제는 곧 전도로 이어집니다. 영혼을 구원하는 전도야말로 하나님 나라 건설의 초석이요 주님의 최대 명령입니다. 성경 찾기, 주일성수, 십일조 헌금, 교회 특성, 목사님의 목회방침, 주의 종 섬기기, 교회 행사 등 중요한 교회 교육이 구역 예배를 통하여 자연스럽게 이루어집니다.

2. 구역예배 순서

(시작 시간, 마치는 시간을 잘 지킴이 잘 모이게 하는 지혜입니다.
시작 시간을 정확히 지키십시오. 새 회원이 있으면 간단히 소개합니다.)

묵상기도 다같이 묵상기도 한 후 예배 인도자(구역장)가 짧고 간절하게 기도합니다.

찬   송 구역에 알맞은 찬송이나 복음성가를 우리 구역 찬송으로 정하여 일년 내내 부름이 좋습니다.

대표기도 순서를 정하여 돌아가며 기도하면 기도 훈련이 됩니다. 3~5분 정도가 좋습니다.

| **찬　　송** | 시기 적절한 찬송을 미리 정하여 부릅니다. 구역공과에 찬송가가 정해 있습니다. |

찬　　송
시기 적절한 찬송을 미리 정하여 부릅니다. 구역공과에 찬송가가 정해 있습니다.

교회를 위한 기도
우리 교회 기도제목을 가지고 3~5분 동안 다같이 합심하여 기도합니다. 때로는 한 사람씩 돌아가며 전원이 다 기도함도 은혜롭습니다.

담임목사님을 위한 기도
교회 부흥의 열쇠는 담임 목사님의 성령충만과 성도님들과 담임 목사님의 단합에 있습니다. 그러므로 온 성도님들이 담임 목사님을 위해 힘써 기도하고 담임 목사님이 성도님들을 위하여 간절히 중보기도함은 교회 성장의 지름길입니다. 다같이 3~5분간 기도하고 한 분이 마무리 기도함이 좋겠습니다.

성경봉독
성경봉독을 맡은 구역원이 봉독해도 좋고 모두 한 절씩 돌아가며 윤독해도 좋습니다.

성경공부
문제풀이 부분을 그룹 토의 식으로 공부합니다. 재미있고 유익하게 성경본문을 중심으로 공부합니다. 대화가 풍성할수록 좋습니다. 그러나 너무 말이 길어지면 조절하도록 말해줘야 됩니다. 왜냐하면 성경공부가 지루해지면 안되기 때문입니다. 너무 말을 안하고 얌전을 빼는 사람은 성경 참고 구절을 읽도록 권면해 보십시오. 한번 시작하게 되면 말을 하게 됩니다.

메시지
가장 은혜가 충만한 분에게 메시지를 읽도록 합니다. 강조해야 할 부분이 있으면 사회자가 간략한 말로 강조해 줍니다.

공동토의
'나누어 볼까요' 문제는 성경의 교훈을 토대로 현재 우리의 삶에 적용시켜 보는 문제입니다. 그러므로 성경의 교훈과 우리의 삶과 연결시켜 잘못된 것은 고치고 회개하며, 혼란스러운 것은 말씀으로 분명한 방향을 잡고, 잘 몰랐던 것은 바로 알고 결단하고 나가야 됩니다. 인도자의 말이 매우 중요한 시간입니다. 특히 메시지에 제시된 방향을 잘 적용하도록 도우시기 바랍니다.

전도보고   구역전도 계획, 전도보고 시간을 갖고 전도를 위해 기도합니다.

합심기도   말씀에 기초한 적절한 기도 제목을 찾아 합심하여 기도합니다. 전체 통성 기도도 좋고 한 사람씩 돌아가며 기도해도 좋습니다. 또는 짝 기도도 좋은 기도 방법입니다.

특별기도   구역원 가정에 특별히 기도할 기도 제목이 있으면, 기도 제목을 제시하고 온 구역식구가 합심하여 기도해주면 그 성도님은 매우 감사해 할 것입니다.

찬　　송   말씀 은혜가 충만한 시간이므로 말씀을 생각하며 힘차게 찬송합니다.

폐회기도   주님 가르쳐주신 기도로 다같이 기도하며 폐회합니다. 때로는 구역장의 간단한 기도로 폐회합니다.

풍성한 음식교제   구역 예배의 가장 큰 목적은 친교와 전도입니다. 폐가 되지 않는 선에서 풍성하게 음식을 나누며 교제할 때 천국의 기쁨을 누리게 될 것입니다.

3. 은혜로운 구역 예배를 위하여

· 구역 인원수는 3-7명으로 시작함이 좋습니다. 그러나 열심히 전도하여 10-30명이 되면 하나님과 목사님으로부터 큰 상급이 있을 것입니다.

· 구역 예배 날짜와 시간을 정합니다. 자주 바뀌는 것은 좋지 않습니다.
· 부부 참석을 원칙으로 부부가 함께 참석하면 구역 예배가 풍성해지고 힘이 있게 됩니다.

· 구역예배는 1시간 정도, 교제는 30분 정도가 좋으나 구역 형편에 따라 조정하면 됩니다.

· 구역장이 구역원들을 잘 권면하여 전원 참석, 52주 무결석, 개근하도록 돕고자 하면 그 믿음대로 됩니다.

· 불가피한 사정으로 결석한 분은 반드시 따로 보강 공부하고 특별 교육하면 결석하지 않게 됩니다.

· 1년에 한두번은 야유회, 볼링등의 교제가 구역 활성화에 도움이 됩니다. 그런 계획이 있으면 목사님과 미리 상의함이 보기에 좋습니다.

· 구역 찬양 발표회, 구역 특송이 있을 때는 온 정성을 다하여 준비하여 구역원의 영적 힘을 결집시킴이 지혜입니다.

· 은혜로운 구역 예배는 곧 셀(Cell) 목회, 목장 목회등의 기초가 됩니다.

· 충성을 다하여 각 구역에 하나님의 은혜가 충만하고 교회가 부흥하고 이 땅에 민족복음화, 세계선교가 이루어지기를 두 손 모아 기도합니다.

"네가 죽도록 충성하라, 그리하면 네가 생명의 면류관을 네게 주리라"
-요한계시록 2:10

쇼그룹 인도법

I. 왜 그룹성경공부를 하는가?

1. 가장 부담 없는 편안한 성경공부 방법이기 때문이다.

많은 분들이 성경을 공부하고 싶어 한다. 그런데 혼자 성경을 읽어보자니 너무 어려운 것 같고 딱딱하다. 남들은 놀라운 진리가 있다고 하는데 자기 눈에는 잘 보이지 않고 의구심이 생길 때가 많다. 되도록 부담 없이 공부하고 싶어 한다. 그룹 성경 공부는 이러한 분들에게 적합한 성경공부 방식이다.

2. 교제를 겸한 성경공부 방법이기 때문이다.

하나님께서는 사람을 지으실 때 하나님의 형상대로 만드셨다. 그 이유는 피조물의 대표가 되게 하고 창조주 하나님과 교제가 이루어지도록 하기 위함이다. 그러므로 하나님과 교제하고 사람들과 교제할 때 인생의 참 기쁨과 만족을 누리게 된다. 처음 성경 공부하는 분들이 하나님과 사귀는 법, 사람과 사귀는 법을 익히기에는 어려움이 많다. 그러나 자기 그룹의 신앙심 깊은 분들과 사귐을 가지면서, 영적인 세계가 있다는 것도 알게 되고, 하나님과 관계를 갖게 되는 것이다.

3. 신앙성장을 도와주는 성경공부 방법이기 때문이다.

① 성경을 보는 눈이 크게 성장한다. 똑같은 본문에서 내가 감히 상상도 하지 못했던 진리를 발견하여 발표하는 것을 듣고 있을 때,번쩍 하는 영감을 얻는다. 아주 평범한 부분의 말씀 속에서 자기에게 적절한 진리를 찾게 되었을 때 사고의 폭과 삶의 힘이 길러지게 된다.
② 신앙과 인격이 크게 성장한다. 사람은 대개 자기가 좋아

하는 것만 지나치게 좋아하는 경향이 있다. 그래서 한쪽으로 치우친 사람이 되기 쉽다. 특히 대화에 그것이 나타난다. 어떤 분은 정서가 불안해서 남의 얘기를 도무지 들어주지 못하거나 듣더라도 끝까지 들어주지 못하는 분이 있다. 그러나 그룹성경공부를 통해 발표하고 듣기도 하면서 도량이 넓은 인격자로 성장하게 된다. 또한 자기 생각을 발표하면서 확신 있는 신앙인으로 성장하게 된다.

③ 인간에 대한 이해가 깊어지게 된다. 그룹 성경공부를 하는 동안 서로 관계성이 생기면서 비로소 대화다운 대화가 시작된다. 흉금을 털어놓고 대화를 하면서 인간에 대해 참다운 이해가 있게 된다. 참다운 인간 이해가 없기 때문에 자녀 교육, 친구 관계, 가족 관계 등 인간관계에 실패하는 사람들이 많다. 그러므로 그룹 성경 공부는 한마디로 전인 교육이 이뤄지는 산 교육장이요, 그 이상으로 영적 생명수를 얻게 되는 생명의 샘터가 된다.

II. 그룹 성경공부를 어떻게 인도할까 ?

1. 그룹성경 공부 전에 준비한다.

그룹 성경공부의 성패의 관건은 인도자에게 달려있다. 특히, 인도자가 어떻게 준비하고 어떤 자세로 이 모임을 인도하는 가에 따라 모임의 분위기가 달라진다.

① 먼저 기도로 준비하라. 모임이 솔직하고, 진지한 모임이 되도록 기도하고, 참석자 한 사람 한사람에 대하여 깊이 이해하고, 그들의 영혼의 욕구가 무엇인지 분별하도록 기도하고, 성령님의 인도하심을 간구하라.

② 성경 본문에 대한 깊은 묵상이 필요하다. 준비 공부와 참석자들의 영혼을 생각하며 본문말씀을 묵상하면 인도할 때 크게 도움이 된다. 인도자의 준비성 있는 자세와 본문에 대한 깊은 이해는 참석자에게 매우 좋은 영향력을 미치게 될 것이다.

③ 성경공부장소에 미리 와서 공부하기 좋은 분위기를 만드는 것이 중요하다. 주위 환경이 무질서하면 주위가 산만해 진다. 좌석 배치는 둥그렇게 앉는 것이 좋고 인도자는 모든 사람을 바라보는 곳에 앉는 것이 좋다. 조명, 환기, 온도조절에도

신경을 쓴다. 그러나 가장 관심을 쏟을 것은 영적 분위기로서 적절한 찬송, 기도, 조용히 성경 읽기, 성경 묵상 등의 분위기를 이뤄 놓아야 한다.

2. 새로 온 회원을 적절하게 맞이한다.

새로 온 회원이 있으면 오는 즉시 인사를 나누고 간단히 소개한다. 공부 도중에 오는 경우에도 분위기에 따라 적당한 기간에 소개하면 좋다. 그리고 새 회원의 인적 상황, 신앙 경력 등을 빨리 파악하여 전 회원에게 잘 소개함이 중요하다. 새 회원이 소외감을 갖지 않도록 섬세한 관심으로 대하고 정성을 쏟지 않으면, 다음에는 나오지 않게 된다. 그리고 다음 모임하루 전에 전화 연락을 하여 참석하게 하는 것도 새 회원을 돕는 지혜이다.

3. 그룹성경공부의 실제적인 진행

① 정해진 시간에 정확하게 시작한다. 그렇지 않으면, 시간 관념이 해이하여 모임 갖기에 애를 먹게 된다. 극소수가 왔다 하더라도 정해진 시간에 정확히 시작하면 다음 모임에 놀라 우리 만치 시간을 지키게 된다. 인도자가 솔선수범하여 시간을 지키지 않으면 신임을 잃기 쉽다.

② 먼저 기도로 시작한다. 시작 기도는 간결하고 단순해야 한다. 성경 공부 시작 기도는 성경 저자인 성령님께 의지하는 간결하고 단순한 기도로 시작되어야 한다(시 119:18).

③ 성경본문을 읽는다. 읽는 방법을 다양하게 함으로 모임의 매너리즘(Mannerism)에서 벗어날 수 있다.돌아가면서 한 절씩 또는 한 회원이 읽기 또는 두절씩 읽기 종종 한두 번씩은 극적인 장면일 경우 입체적으로 읽는 것도 좋다.

④ 인도자가 본문 공부의 주제에 대하여 간략하게 이야기를 한 다음 한 문제씩 풀어 나간다. 어떤 회원들은 '문제의 핵심을 잘 모르고 변죽을 울리는 경우는 많다. 그 때에는 문제의 핵심 부분에 액센트를 넣어 다시 읽어줌으로써 주의를 주제로 이끌어 올 수 있다.

⑤ 회원들 수준에서 성경본문을 풀어 가도록 애쓴다. 그러나 초보자에게 신학의 난제를 애써 설명하려 한다면 모임은 금방 말쟁이들의 모임이 되어 버리거나 이질감을 느끼는 모임으로 굳어져 버릴 것이다. 그러므로 나는 비록 잘 알고 있을지라도 모르는 입장에서 적절한 질문을 던져 주제에 접근하도록 도와주어, 그들 자신이 움켜잡도록 하면 즐거운 성경 공부 모임이 될 것이다. 그러나 경우에 따라서는 인도자가 명확하게 설명해야 할 부분도 있다. 그러므로 인도자는 기계적으로 문제에 너무 매이지 말고, 융통성을 가지고 진리를 탐구하는 자유로운 분위기를 염두에 두어 확신 있게 인도해 나 갈 때 좋은 결과를 얻게 될 것이다.

⑥ 성경공부 끝날 즈음에서는 인도자가 그 날 공부를 정리해 준다. 그 날 제목과 연관되는 핵심 진리를 강조하고 우리의 삶에 적용하며 끝맺음을 잘해주면, 비록 공부가 산만했을 지라도 공부가 잘 정리된다.

⑦ 끝날 때도 기도로 끝낸다. 대표자가 기도해도 좋고 회원 중 한 분 또는 두 세분의 기도로 끝낼 때, 성경공부가 단지 지식 공부로 끝나지 않고 영혼의 양식을 얻는 공부로 발전하게 된다. 경우에 따라서는 전원 합심 기도하면서 눈물로 통회기도를 할 필요성이 있다. 영혼을 뒤흔드는 눈물어린 기도를 통해 하나님과 막혀있던 영혼들이 돌아오는 경우가 너무너무 많다.

4. 성경공부 끝난 후 신앙적인 상담 또는 교제를 한다.

성경 공부를 너무 길게 갖지 않고, 성경공부 후 교제를 중요시하고 말씀에 기초한 대화나 또는 화음을 맞춰 함께 찬양, 또는 새로운 전도 계획, 또는 사귐의 계획을 세우면 몹시 즐거워하고 좋은 모임으로 성장해 갈 것이다.

5. 성경공부 끝나는 시간을 지킬 때 모임이 더 활발해진다.

몇 문제를 풀다가 약속된 시간이 되어 가면 5분전쯤 인도자가 나머지 문제를 요약 설명해 주고 끝내는 것이 오히려 유익하다. 약속된 시간을 넘어서까지 열심히 공부하면 얻는 것도 있지만, 잃는 것도 많게 된다. 특히 지속적인 모임 갖기가 어려워질 수 있다.

Ⅲ. 성경공부 인도자의 자세

1. 분명한 목적의식이 있어야 한다.

참석한 모든 분들이 예수님을 인격적으로 만나서 새 생명을 얻도록 힘써야 한다.

2. 활발한 대화가 이루어지도록 힘써야 한다.

인도자가 강의를 하고 너무 아는 체 많이 할 때 회원들은 입을 다물기 시작한다. 회원들이 너무 말이 없으므로 강의식으로 인도하게 되는데, 경우에 따라서는 강의식이 필요할 때도 있다. 참석자 수가 너무 많을 때라든지 참석자가 너무 어린 사람일 때는 하나씩 가르쳐야 할 때도 있다. 그러나 대화가 풍성히 이루어지도록 힘써야 한다.

3. 무감각한 인도자가 되지 않아야 한다.

분위기를 읽지 못하고 인도할 때처럼 본인도 힘들고 옆에서 보기 힘든 경우는 없다. 그러므로 인도자는 회원 전체의 표정을 읽으며, 그들의 이해 여부와 빨리 끝나기를 바라는지, 좀 속도 있게 진행하기를 바라는지를 알아야 한다.

4. 모든 회원을 동참하도록 인도해야 한다.

어떤 경우는 인도자가 대답할 수 있는 것도 다른 분에게 부탁하면 좋다. 그리하여 한 사람도 빠짐없이 전원이 대화에 동참토록 사람들을 끌어들이는 기술을 배우기에 힘써야 한다.

5. 유머 감각을 기르도록 힘써야 한다.

Ⅳ. 성경 공부 시 어려운 문제점들

1. 입이 무거운 회원들이 많을 때

① 대화에 조력할 수 있는 사람 한두 분에게 미리 대화에 적극 동참토록 부탁하면 좋다.
② 시사성 있는 화제로 돌렸다가 대화의 분위기를 이룬 다음 공부에 들어가도 좋다.
③ 질문을 바꾸어 그 사람에게 적절히 물어보는 것도 좋은 방법이다.
④ 성경 몇 구절을 읽도록 부탁하는 것도 좋다.
⑤ 대부분 처음 온 분은 분위기를 탐지하고 있는 중이므로, 갑자기 질문을 던지지 말고 적당한 기회에 말할 기회를 만들어 주어야 한다. 질문에 즉시 대답이 안 나오더라도 충분히 기다려야 한다.
⑥ 인도자가 신경질이 나더라도 화내지 말고 인내하여 잘 인도하면 좋아질 수 있다.
⑦ 왜 말이 없는지 잘 분석해 보고 대책을 상의해 봄이 좋다. 그러나 말없는 사람들이 의외로 깊이 듣고 있는 사람도 있다는 것을 알아야 한다.

2. 말이 많은 회원이 있을 때

모임을 완전히 독점하고 엉뚱한 곳으로 이끌고 갈 때 인도자가 구경하고 있으면 안 된다. 얼마만큼 듣고 있다가 "참 재미있는 의견이군요. 다음 기회에 한 번 들어 보기로 합시다. OO 님은 어떻게 생각하시지요?" 하고 적당한 곳에서 말을 끊고 전체 회원이 공감하도록 돕는다.

3. 곁가지를 치는 사람이 많을 때, 어려운 질문을 받을 때

너무 묵살하면 인도자의 차가움을 싫어할 것이므로, 간단히 대답할 수 있는 것이면 대답해주고, 중요한 문제이면 기록하면서, "다음에 연구해서 대답해 드리겠습니다"라고 성의를 보인다.

4. 언쟁이 일어날 때

양쪽 의견을 듣게 한 후 성경 말씀으로 주의를 집중시키고 해결될 수 있는 것이면 명확한 대답을 내리고, 해답이 어려운 것은 다음 기회로 일단 미루는 것이 현명하다.

5. 회원이 많을 때

회원이 너무 많으면 모임을 둘로 나누는 것이 좋다. 그러나 우연히 많을 때는 평소처럼 진행하고 새로 온 분에게 관심을 갖는 것이 좋다.

6. 회원이 적을 때

회원이 너무 적으면 만족스러운 그룹 성경 공부가 이루어지지 않는다. 회원을 더 많이 확보하도록 힘쓰고, 일단 나온 분이 중요함으로 단 한 명이 왔을지라도 성심 성의껏 말씀을 공부하면 다음에는 수가 늘어날 것이다.

신앙 성숙을 향한

갈 망

성숙한 크리스천이 되라

말씀
에베소서 4:11~16

새찬송 / 옛찬송
552, 452 / 358, 505

외울말씀
에베소서 4:15

희망찬 새해가 밝아왔습니다. 새해를 맞이하여 우리 구역 가족들에게 하나님의 은총과 축복이 가득하기를 기도합니다. 현대 크리스천의 최대 기도제목은 '성숙' 입니다. 그래서 금년에는 "성숙한 크리스천으로 성장하여 하나님께 영광 돌리자!"라는 주제로 희망찬 구역예배를 시작하고자 합니다.

"오직 사랑 안에서 참된 것을 하여 범사에 그에게까지 자랄지라 그는 머리니 곧 그리스도라"

✽ 같이 풀어봅시다

1. '부름받은 사람들' 의 모임인 교회 공동체에는 무슨 직분들이 있습니까(11절)?
   * 사도 : 성경 저자요, 교회 설립자의 특수 직분.
   * 선지자 : 하나님의 말씀을 대언하여 백성들을 회개시키는 직분.
   * 복음 전도자 : 초대 교회에 있었던 전문 전도자.
   * 목사 : 주를 대신하여 하나님의 백성을 돌보는 직분.
   * 교사 : 복음 진리를 가르치는 직분.
   * 교회의 직분은 통일성(unity)과 다양성(diversity) 속에서 이해해야 함

2. 교회 직분의 목적 세 가지는 무엇입니까(12절)?

3. 하나님의 가족이 된 크리스천은 어느 수준까지 성장하도록 축복을 받았습니까 (13,15절)?

4. 신앙과 인격이 성장하지 못한 이유는 무엇입니까(14절)?

5. 그리스도의 장성한 분량에 이르도록 성장할 수 있는 비결은 무엇입니까(12~16절)?

희망찬 새해가 밝아왔습니다. 새해에는 우리 믿음의 가족들 모두 건강하시고 하나님의 은총과 축복이 임하기를 기도합니다. 특히 새해에는 하나님을 기쁘시게 하는 성숙한 하나님의 자녀가 되는 영광을 누리시기를 바랍니다. 하나님을 가장 기쁘시게 하는 것은 신앙과 인격, 지혜와 능력이 성장하여 하나님 일을 즐겁게 하는 것입니다.

그런데 신앙과 인격이 성장하지 못하여 신앙생활의 즐거움을 맛보지 못하는 성도님들이 의외로 많습니다. 그리스도 안에서 환희와 감격, 곧 천국의 기쁨을 누리지 못합니다. 눈물을 흘리며 감격하고 기뻐하는 신자들을 부러워합니다. 왜 나에게는 그러한 기쁨이 없을까요? 신앙 성숙이 없기 때문입니다. 때때로 교회에 발생하고 있는 잡음과 분쟁의 원인도 알고 보면 신앙과 인격의 미숙함에서 나온 것입니다. 그렇다면 신앙 성장의 길은 무엇입니까?

1. 먼저 신앙 성장을 사모하고 소원하는 마음이 중요합니다. "주님, 하나님을 기쁘시게 하는 성숙한 신자가 되기를 원합니다. 흠이 없는 온전한 신자가 되기를 원합니다. 교회 성장을 돕는 귀한 일꾼이 되고 싶습니다. 주의 몸인 교회를 허는 자가 아닌 세우는 자가 되기를 원합니다." 하나님께서는 신앙 성장의 소원을 크게 기뻐하십니다.

2. 하나님의 계획을 알 때 우리는 성장할 수 있습니다. 하나님은 미천한 우리를 '그리스도의 장성한 분량이 충만한 데 이르도록' 축복하여 주셨습니다. "그(그리스도)에게까지 자랄지라(15절)"고 목표를 주셨습니다. 주님께서 주신 축복을 잘 감당하고자 할 때 우리는 성장할 수 있습니다.

3. 성장의 법칙을 알고 실천할 때 성장할 수 있습니다. 하나님 아들을 믿는 것과 아는 일, 곧 복음 진리를 잘 깨닫고 믿고 순종하면(13절) 성장할수 있습니다. 그리스도의 사랑을 실천하는 일(15절)은 신앙 성장의 생명입니다. 그리스도는 사랑이시기 때문입니다. 성도 간에 마음을 터놓고 대화하고 성경공부하며 서로 도움을 주고받으며 동역할 때 성장하는 것(16절)입니다.

사랑하는 우리 믿음의 가족 여러분! 금년에는 모두 놀랍게 신앙과 인격, 지혜와 삶의 질이 성장하여 그리스도 안에서 환희와 감격을 누리시기를 바랍니다.

✳ 나누어 볼까요?

1. 신앙 단계를 신자, 제자, 일꾼, 군사, 목자로 구분해 본다면 당신은 어느 수준에 있다고 생각하십니까?
2. 당신이 신앙 성장하는 데 있어 장애물은 무엇이며 성장하기 위해 힘써야 할 것은 무엇이라 생각하십니까?

● **합심기도합시다** 　새해 신앙과 인격의 성장 체험을 통하여 천국의 기쁨이 충만하도록

인생목표를 세우라

제 2 과

말씀
빌립보서 3:7~16

새찬송 / 옛찬송
26, 94 / 14, 102

외울말씀
빌립보서 3:14

희망찬 새해가 밝아왔습니다. 새해에는 '변화된 새사람'이 되어 완전히 달라진 삶을 사시길 바랍니다. 변화된 새 삶을 살기 위해선 목표가 중요합니다. 하나님께서 주신 선한 목표를 가지고 집중하면 그 목표가 내 인생을 새롭게 이끌어 줍니다. 1년 목표도 중요하지만 남은 내 인생 목표는 더 중요합니다.

"푯대를 향하여 그리스도 예수 안에서 하나님이 위에서 부르신 상을 위하여 달려가노라"

❋ 같이 풀어봅시다

1. 바울 사도는 철학자요 신학자로서 당대 최고의 석학이었습니다. 그가 깨달은 최고 가치는 무엇이었습니까(8절)? 그 근거는 무엇이라 생각하십니까?
   * 그리스도. "내주 그리스도 예수를 아는 지식이 가장 고상함을 인함이라"(8절)
   * 하나님과 화목하게 해 주시는 분. 구원을 주시는 분. 죄 사함, 영생, 천국을 주시는 분. 인생을 근본적으로 새롭게 해주시고 고상하게 만들어 주며, 삶의 환희와 감격을 안겨 주시는 분

2. 우주의 최고 가치인 그리스도를 얻고자 바울은 무슨 결단을 내렸습니까(7,8절, 마13:44~46 참조)?

3. 가치관과 목표는 밀접한 관계가 있습니다. 바울이 가진 인생 목표는 무엇이었습니까 (10,14절)?
   * 바울의 푯대: 그리스도의 성육신과 아름다운 생애, 십자가의 희생과 사랑, 부활의 능력과 영생(10절), 하나님께 영광 돌리는 삶, 사람을 구원하고 얻는 삶.

4. 바울 사도는 목표를 향하여 어떻게 달려갔습니까(12~14,16절)?

5. 사람들이 목표를 이루지 못한 원인은 무엇이라 생각하십니까?

젊어서 위대한 진리를 발견하고 거기에 전 인생을 투자한 사람은 위대한 인생을 살게 됩니다. 사람은 누구나 자기가 가치 있다고 생각하는 것을 추구하며 살게 되어 있습니다. 스포츠가 최고라고 생각하는 사람은 일생을 스포츠에 바치며 삽니다. 음악, 예술, 문학이 최고라 생각하는 사람은 역시 거기에 자기 인생을 투자합니다. 그리고 보면 먼저 최고 진리를 발견하는 것이 인생에 있어 매우 중요함을 깨닫습니다.

사도 바울은 당대 최고 석학으로서 최고 진리를 찾고 있었습니다. 영생과 신의 계시에 최고 가치를 두는 헤브라이즘과 지혜와 학문에 가치를 두는 헬레니즘 모든 학문을 통달한 그는 그리스도를 만난 즉시 "그리스도를 아는 지식이 가장 고상함"을 깨달았습니다. 한 시대에만 적용되지 않고 영구히 적용되는 영원한 진리, 누구에게나 구원을 주는 보편적인 진리, 인생의 근본문제를 해결해 주는 실제적 능력이 있는 진리를 찾고 있었는데 그 진리는 곧 예수 그리스도였습니다. 그리스도는 인격화된 진리였습니다. 시공을 초월하여 현재에 존재하는 구원이었습니다. 죄인을 거룩한 하나님의 자녀로 변화시키는 신기한 능력이었습니다.

바울은 그리스도 안에서 인생목표를 찾았습니다. 예수님의 생애를 배우고자 했습니다. 십자가의 고난을 배우고자 했습니다. 부활의 능력을 받고자 했습니다. 그리스도를 배우기 위하여 지금까지 추구하던 율법의 의, 헬라 철학을 쓰레기처럼 버렸습니다. 오직 겸손하게 그리스도를 배우며 그리스도 안에 감추어져 있는 신기하고 보배로운 영적 진리를 몸에 익히고자 온 정열을 쏟았습니다. 마라톤 선수가 골인 지점을 향하여 전력질주 하듯이 인생푯대를 향하여 달려갔습니다. 그리하여 위대한 삶을 살게 되었습니다.

사랑하는 믿음의 가족 여러분!
우리 남은 인생이 길지 않음을 압니다. 남은 인생을 정말 사는것답게 삽시다. 그 길은 예수님을 배우고 예수님을 닮고 예수님을 위해 사는 것입니다. 그림자를 잡는 것 같은 헛된 것에 취해 일생을 허비하지 말고 영원토록 가치 있는 것을 위해 진주장사처럼 지혜롭게 삽시다.

✱ 나누어 볼까요?

1. 당신의 인생목표는 무엇입니까?

2. 그 목표를 향하여 어떻게 달려가고 있습니까?

● 합심기도합시다 ｜ 주여 저희 눈을 밝혀 주시어 최고의 가치를 발견하게 하소서!

신앙인의 계획

말씀
로마서 15:22~29

새찬송 / 옛찬송
80, 302 / 101, 408

외울말씀
로마서 15:28

새해를 맞아 계획을 세울 때 믿음과 이성이 충돌합니다. 어떤 이는 계획을 세우는 일은 불신앙의 소치라고 몰아 부칩니다. 계획은 필요 없고 성령님의 지시에 따라 살기만 하면 된다고 주장합니다. 반대로 어떤 이는 모든 일을 치밀하게 계획을 세워야 한다고 주장합니다. 합리적이고 과학적으로 사는 것이 하나님의 뜻이라고 주장합니다. 어느 것이 옳습니까?

"그러므로 내가 이 일을 마치고 이 열매를 그들에게 확증한 후에 너희에게 들렀다가 서바나로 가리라"

✳ 같이 풀어봅시다

1. 사도 바울은 무슨 단기 계획을 갖고 있었습니까(25절)?
   * 예루살렘 성도를 섬기는 계획 : 예루살렘에 흉년이 들어 궁핍하므로 이방 교회인 마게도냐와 아가야 지역 교회들의 구제헌금을 전달하며 유대인교회와 이방교회를 하나로 견고하게 결속시키려는 계획.

2. 사도 바울의 다음 계획은 무엇이었습니까(22~24절)?
   * 그들 : 로마교회 성도들

3. 사도 바울은 마지막 남은 인생을 어떻게 보내고자 계획하고 있습니까(28, 29절)?
   * 서바나 : 스페인의 옛 이름. 땅 끝까지 복음 전하라는 주님의 말씀대로 당시 땅 끝으로 생각하는 스페인 선교를 꿈꾸고 있었음.

4. 진실한 신앙인은 계획을 세우고 살아야 합니까? 계획 없이 살아야 합니까? 계획을 세워야 한다면 어떻게 세워야 합니까?

시시때때로 신앙인들에게는 신앙과 이성을 어떻게 조화시켜야 하는지 고민합니다. 신앙을 따라 "하나님만 믿고 나가자!"하고 믿고 나가다보면 너무 무모하고 운명에 떠내려가는 것 같은 느낌을 갖게 됩니다. 어떤 이는 저축도 안하고 하루하루 산다고 합니다. 하나님께서 까마귀를 통해 물어다 주신다고 믿고 있습니다. 반대로 어떤 사람은 너무 치밀한 계획을 세워 놓고 삽니다. 아이 1명을 키우는데 드는 비용을 미리 다 계산하고 머리가 아플 정도로 가족계획을 세워놓고 삽니다. 합리적이고 과학적인 것만이 확실한 것이라고 공언합니다. 신앙인의 모습 보다는 사업가의 모습만 보입니다.

모범적인 크리스천인 바울은 단기 계획, 중기 계획, 장기 계획을 세워놓고 사는 것을 볼 수 있습니다. 그렇다면 바울은 신앙을 제외시켜놓고 이성으로만 살았을까요? 물론 아닙니다. 그러면 그는 내면속에서 신앙과 이성을 어떻게 조화시키며 살았을까요? 신앙도 이성도 하나님께서 주신 것입니다. 이성으로 해결하지 못한 것을 신앙으로 해결합니다. 신앙으로 찾은 목표를 이성으로 실행합니다. 신앙을 확실하게 해 주는 것이 이성입니다. 이성도 그 한계를 인식하고 신앙의 조명 속에서 사용하면 매우 유익한 것입니다. 이성을 절대시 하고 하나님의 세계까지 이성으로 판단하려들기 때문에 이성이 죄가 되는 것입니다. 그러나 이성의 한계를 인식하며 이성으로 파악할 수 없는 하나님을 신앙으로 바라보며 신앙의 범주 안에서 이성을 사용하면 이성은 매우 유익하게 사용됩니다. 신앙은 크고 원대한 것을 바라보게 합니다. 범사에 목적성과 가치, 우선순위를 결정하는데 도움을 줍니다. 이성은 신앙으로 결정된 것을 실행하는 지혜를 공급해 줍니다. 그러므로 신앙을 온전케 하는 것이 이성이며 이성을 온전케 하는 것이 신앙입니다. 바울은 믿음으로 하나님을 만나고 하나님의 뜻을 파악하였습니다. 그리고 기도 가운데 계획을 세웠습니다. 주님의 지상명령 즉 땅 끝까지 복음전하라는 주님의 뜻을 이루기 위하여 온 지혜를 다하여 전도하였습니다. 그리고 예루살렘 교회 섬김, 로마교회 선교, 서바나 지역 선교를 계획하고 간절히 기도하며 하나님의 인도하심을 세밀히 살피는 것이었습니다.

믿음이 들어 있는 계획을 세우십시오. 하나님 영광을 바라보며 계획을 이루며 기도하십시오, 성령의 은혜가 넘치고 지혜와 능력이 넘치는 빛의 자녀로 사시기를 바랍니다.

✻ 나누어 볼까요?

1. 당신은 남은 인생을 어떻게 보내고자 계획하고 있습니까?

2. 금년 일 년은 어떻게 보내고자 합니까?

합심기도합시다	믿음 없는 계획을 세우지 말게 하시고 하나님 영광을 위하여 믿음으로 잘 계획을 세워 힘차게 전진하게 하소서!

스케일을 크게

말씀
여호수아 1:1~9

새찬송 / 옛찬송
516, 574 / 265, 303

외울말씀
여호수아 1:9

하나님께서 우리 아버지가 되신 사실 한 가지만 생각해도 우리 가슴은 희망에 부풀어 오릅니다. 하나님께서 함께 하시면 기적이 일어납니다. 인간의 힘으로는 도저히 불가능한 일도 가능하게 됩니다. 하나님께서는 연약한 여호수아 장군을 일으켜 세우며 스케일을 크게 하도록 명하십니다. 이 복된 말씀을 받으시기 바랍니다.

"내가 네게 명령한 것이 아니냐 강하고 담대하라 두려워하지 말며 놀라지 말라 네가 어디로 가든지 네 하나님 여호와가 너와 함께 하느니라 하시니라"

✳ 같이 풀어봅시다

1. 모세가 죽은 후 여호수아의 심정이 어떠하였을까요(1절)?
   * 위대한 종의 후계자로서의 부담감, 불순종한 백성들을 통솔할 자신의 리더십에 대한 회의, 거룩하신 하나님을 섬길 믿음이 부족함, 당장 해결할 요단강 도하와 적군과의 전쟁의 두려움 등

2. 하나님께서는 여호수아가 인생 스케일을 크게 하도록 무슨 명령과 약속을 주셨습니까(2~7절)?
   * 명령, 약속. 하나님께서 바라시는 것은 믿음과 순종

3. 사람들이 소심하고 연약한 인생을 사는 이유가 무엇이라 생각하십니까?

4. 마음을 강하게 하고 담대(스케일을 크게)하게 할 수 있는 비결이 무엇입니까 (2~4, 5~7, 8~9절)?

하나님은 한번 하신 약속은 반드시 지키시는 약속의 하나님이십니다. 하나님께서는 여호수아에게 유프라테스 강에서부터 대해(지중해)까지 광대한 땅을 주시겠다고 약속하셨습니다. 우리 하나님 아버지는 우주를 창조하신 광대하신 하나님이십니다. 열방을 '통의 물 한 방울'이나 '떠오르는 먼지'로 보시는 하나님이십니다. 그러므로 하나님을 경외하는 자는 큰 시야를 갖게 되고 스케일이 큰 인생을 살게 됩니다.

그런데 많은 사람들이 작은 참새가슴을 가지고 조마조마하며 살고 있습니다. 너무나 움츠러들어 소심하게 살고 있습니다. 왜 그렇게 소심하게 삽니까? 세상에서 시달리다보니 사람들 눈치 보기에 바쁘기 때문입니다. 인본주의적 사고로 인해 하나님의 시야를 갖지 못하므로 가슴이 좁아질 수밖에 없습니다. 이기주의적 태도는 더욱 옹졸하게 만듭니다. 어린 시절 상처로 인한 열등감으로 인하여 늘 가슴을 펴지 못하고 삽니다.

광대하신 하나님께서는 여호수아에게 말씀하시듯 오늘 우리들에게도 말씀하십니다. "마음을 강하게 하라, 담대하라" "스케일이 큰 인생을 살라"고 말씀하십니다. 어떻게 우리가 가슴을 펴고 큰 꿈을 펼치며 왕자다운, 공주다운 인생을 살 수 있습니까?

산 믿음은 새 인생을 살게 합니다. 초월자 하나님을 만나 영적 시야가 열릴 때 우리 인생은 초월의 인생을 살 수 있습니다. 여호수아는 연약한 자였지만 초월자 하나님을 믿고 놀라운 믿음의 영웅이 되었습니다. 믿음 곧 하나님과의 교통을 통해 초월적인 은혜를 받게 되면 하나님의 새 사람이 됩니다. 하나님의 말씀인 성경을 읽고 묵상하고 지켜 행하면 인격화된 하나님의 진리를 깨닫게 되어 영적 통찰력을 갖게 됩니다. 하나님의 능력을 체험하게 되면 변함없는 확신을 갖게 되고 형통의 사람이 됩니다. '소심증'이 치료되고 강하고 담대한 그리스도의 군사가 됩니다.

✽ 나누어 볼까요?

1. 당신을 움츠러들게 하는 것은 무엇입니까?

2. 당신이 영광스러운 교회의 일꾼이 되기 위해서 필요한 것은 무엇입니까?

| 합심기도합시다 | 새해에는 강하고 담대하게 살도록 |

게으름을 극복하라

말씀
잠언 6:6~11

새찬송 / 옛찬송
84, 330 / 96, 370

외울말씀
잠언 6:6

신앙 성장의 장애물 제1호는 게으름입니다. 마음 밭도 좋고 성품도 좋은데 게으름 때문에 성장하지 못한 성도들을 볼 때 몹시 안타깝습니다. 성공한 사람들의 공통된 특징은 부지런함과 특이한 열심입니다. 금년에는 영적 게으름을 극복하여 크게 성장하시고 많은 열매를 맺으시기 바랍니다.

"게으른 자여 개미에게 가서 그 하는 것을 보고 지혜를 얻으라"

✳ 같이 풀어봅시다

1. 게으른 자에게 주시는 하나님의 충고는 무엇입니까(6절)?

2. 개미에게서 배울 지혜는 무엇입니까(7,8절)?
   * 자발성 : 두령, 간역자, 주권자 등 감독관이 없어도 일함. 끌려가는 삶이 아닌 자발적인 삶.
   * 예비성 : 먹을 것을 여름동안에 예비함. 어려울 때를 대비하여 미리 저축함.
   * 근면성 : 누가 시키지 않아도 부지런히 일함.

3. 신앙 성장을 하지 못하고 열매를 맺지 못하는 이유가 무엇입니까(9,10절)?

4. 게으름의 결과는 무엇입니까(11절)?

5. 게으름을 어떻게 극복할 수 있습니까?

예수님을 믿으면 구원을 받습니다. 죄사함을 받습니다. 영생을 받습니다. 하나님의 자녀가 됩니다. 하나님 나라의 왕자가 되고 공주가 됩니다. 마치 송충이가 나비가 되어 창공을 날아다니듯 은혜의 세계를 활보합니다. 이 영적인 축복은 말로 다 할 수 없는 귀한 축복입니다. 그런데 왕자답게 살지 못하고 너무 초라하게 사는 신자들이 많습니다. 왜 그렇습니까? 하나님은 그처럼 사랑해 주시고 축복해 주셨는데 왜 하나님의 자녀는 그 영광스러운 삶을 살지 못한 것입니까? 여러 가지 이유가 있겠지만 믿음 부족이요, 영적 게으름 때문입니다.

영적 게으름은 죄의 진입로와 같은 매우 무서운 죄입니다. 우상숭배, 살인죄, 간음죄, 사기, 폭력, 도둑질 등은 명백한 죄로 인식되기 때문에 양심의 가책을 받게 됩니다. 그래서 즉각 회개할 수 있게 됩니다. 죄를 피하게 됩니다. 그러나 영적 게으름은 죄같이 느껴지지 않기 때문에 쉽게 죄를 범합니다. 영적 게으름을 피우면서도 죄의식이 없습니다. 그래서 회개하지 않습니다. 그러나 무서운 죄의 원인을 살펴보면 영적 게으름이 죄의 시작입니다. 다윗 같은 훌륭한 믿음의 사람도 영적 게으름을 피우다 간음죄, 살인죄를 짓게 되었습니다. 영적 게으름은 영혼을 무디게 만들어 죄의 원인이 될 뿐 아니라 영적 성장을 가로막아 열매를 맺지 못하게 만듭니다. 영광스러운 삶을 살지 못하고 피곤하고 궁핍한 삶을 살게 하는 것입니다.

"게으른 자여, 개미에게로 가서 그 하는 것을 보고 지혜를 얻으라!" 영적으로 성장하여 하나님을 기쁘시게 하고자 하는 성도님들에게 하나님께서는 부지런하라고 말씀하십니다. "부지런하여 게으르지 말고 열심을 품고 주를 섬기라"(롬 12:11). 그렇습니다. 우리 영적인 잠에서 깨어나 부지런히 성경 공부합시다. 부지런히 기도합시다. 부지런히 전도합시다. 부지런히 봉사합시다. 부지런히 예배에 참석합시다. 새벽기도도 시작해 봅시다. 직장에 다른 사람보다 10분 먼저 출근하여 열심히 일합시다. "저 성도님 은혜 받았어, 저렇게 부지런한 사람 첨 봤어." 칭찬 받고 열매를 풍성히 맺어 영광의 삶을 사시기 바랍니다.

1. 큰 일을 할 사람이 게으름 때문에 성공하지 못한 경우가 있습니까?

2. 당신이 당장 해결해야 할 영적 게으름은 무엇입니까?

| 합심기도합시다 | 부지런하여 게으르지 말고 열심을 품고 주를 섬기라"는 말씀 붙잡고 부지런히 일하도록. |

은혜로운 언어생활

말씀
전도서 5:1~7

새찬송 / 옛찬송
288, 420 / 204, 212

외울말씀
전도서 5:2

은혜 충만한 신앙생활을 위해서 절대적으로 필요한 것은 은혜로운 언어생활입니다. 은혜로운 신앙생활을 하시는 분을 보면 한결같이 언어가 은혜로우며 이것은 은혜로운 신앙생활과 즐겁고 복된 인생으로 연결됩니다.

"너는 하나님 앞에서 함부로 입을 열지 말며 급한 마음으로 말을 내지 말라 하나님은 하늘에 계시고 너는 땅에 있음이니라 그런즉 마땅히 말을 적게 할 것이라"

✱ 같이 풀어봅시다

1. 하나님 전에 들어갈 때 어떤 자세를 가져야 합니까(1절)?
   * '발을 삼가' 하나님에 대한 경외심을 가지고 하나님 앞에 서는 마음 자세.
   * 하나님의 말씀을 듣는 자세.
   * 회개하는 자세

2. 하나님을 경외하는 자의 언어생활은 어떠합니까(2,3,7절)?
   * 함부로 말하지 않고, 감정적으로 말하지 않고, 필요한 말만 하고 말을 적게 함.
   * "일은 많이, 말은 적게!"

3. 하나님의 자녀들은 말의 신빙성이 어떠해야 합니까(4~6절)?
   * 하나님 앞에 서원한 것, 사람들에게 약속한 것은 책임감 있게 갚아야 됨. 하나님의 자녀들의 말은 보증수표처럼 신빙성이 있어야 됨.

4. "일구이언하지 말라"(딤전 3:8) "너희 말을 항상 은혜 가운데서 소금으로 맛을 냄과 같이 하라"(골 4:6)는 말씀의 뜻이 무엇입니까?

하나님께서는 우주를 다스리며 하나님께 영광 돌리는 존재로 인간을 창조하셨습니다. 그 중대한 사명을 감당하도록 생각의 능력, 언어의 능력, 창조적인 행동의 능력을 주셨습니다. 그러므로 인간의 인간다움은 하나님의 은혜를 깊이 생각하며, 언어로 하나님께 영광을 돌리며, 창조적인 삶을 통하여 하나님께 영광 돌리는 것입니다. 인생에 있어 언어생활의 비중은 매우 큽니다. 인격은 언어로 다듬어지며, 언어는 그 사람의 인격을 표현하는 것입니다. 아름다운 언어를 사용하면 아름다운 인격으로 다듬어 지게 되고 폭력적인 언어를 사용하면 폭력적인 사람으로 변해갑니다. 그러므로 은혜로운 신앙생활을 하고자 하는 신자들은 의지적으로 은혜로운 언어를 사용해야 합니다.

성경은 은혜로운 언어생활을 하도록 명령합니다. 은혜로운 언어생활의 기본은 하나님을 경외하는 자세에서 시작됩니다. 하나님 전에 들어갈 때, 곧 하나님의 공동체 생활을 할 때는 항상 하나님을 인식하고 하나님 면전에서 말하듯 경외심을 가지고 말하라는 것입니다. 하나님 앞에서 두렵고 떨림으로 겸손히 말하며, 존경심을 가지고 말해야 합니다. 덕이 안 되는 말은 입 밖에도 내지 말고 참아야 됩니다. 하나님 앞에서 함부로 말하는 사람이 있다면 그 자체가 부끄러운 것입니다. 하나님 앞에 경외심이 없는 말들은 나중에 크게 후회하게 됩니다. 그러므로 거룩한 하나님의 공동체 안에서는 항상 하나님을 인식하고 말해야 합니다. 말이 많다보면 실수를 하기 때문에 말을 줄이는 것이 지혜입니다.

특히 성경은 서원에 대하여 강조합니다. 하나님 앞에서 서원하고 약속한 것은 손해를 보면서도 지킬때 복을 받습니다. 결혼서약, 세례서약, 목사, 장로, 안수집사, 권사 임직서약한 사람들은 하나님 앞에서 서약한 것이므로 그 서약을 지켜야 합니다. 하나님의 자녀들은 신실성을 생명처럼 여기기 때문에 사람들에게 약속한 것이라도 약속을 꼭 지켜야 합니다. 한번 한 약속을 꼭 지키는 사람은 반드시 축복을 받습니다. 신뢰를 얻습니다. 신용을 받게 됩니다. 신용을 받으면 큰일을 할 수 있습니다. 말을 적게하고 일을 많이 하면 더욱 많은 신용을 받게 됩니다. 교회 일꾼들은 일구이언하지 말라고 성경은 가르쳐 줍니다. 마치 소금으로 맛을 내듯 은혜로운 말로 하나님을 기쁘시게 해 드리고 성도들을 즐겁게 하면 교회는 은혜 충만, 성령 충만하게 될 것입니다.

✱ 나누어 볼까요?

1. 말실수 때문에 큰 고통을 치른 적이 있습니까? 당신이 은혜로운 언어생활을 하기 위해서 가장 필요한 것은 무엇입니까?

| 합심기도합시다 | 은혜로운 언어생활을 위해서 |

자기 아성을 깨면

제 7 과

말씀
마가복음 8:27~38
새찬송 / 옛찬송
88, 324 / 88, 360

외울말씀
마가복음 8:34

"당신의 신앙성장을 가로막고 있는 가장 큰 장애물은 무엇입니까?"는 질문에 많은 사람들이 "제 자신입니다."라고 말합니다. 그렇습니다. '깨어지지 않은 자아' '변화되지 않은 자아' 때문에 신앙침체를 면하지 못하고 있습니다. 그러면 어떻게 자아를 깰 수 있습니까?

"무리와 제자들을 불러 이르시되 누구든지 나를 따라오려거든 자기를 부인하고 자기 십자가를 지고 나를 따를 것이니라"

✽ 같이 풀어봅시다

1. 예수님께서 제자들에게 무슨 두 가지 질문을 하셨습니까(27~29절)? 제자들은 두 질문에 각각 어떻게 대답했습니까?

2. '주' 는 '선생님' '주인' '왕' '하나님' 이란 뜻으로 사용된 말입니다. 베드로의 신앙고백의 의미가 무엇입니까(29절)? 참된 신앙은 어떤 신앙입니까?

3. 신앙을 고백한 제자들에게 주님은 어떤 제자의 도리를 말씀해 주셨습니까(34절)? '자기를 부인하고 나를 따른다' 와 '자기 십자가를 지고 나를 따른다' 란 말의 뜻이 무엇입니까?

4. 어떻게 죄악된 자아를 깨고 참 자아를 가질 수 있습니까?

사람이 태어날 때는 거의 백지 상태에서 출발합니다. 그런데 사춘기 때에 비로소 자기 존재를 인식하게 됩니다. "앗, 이 우주에 나라는 존재가 있구나!" 아무 의식이 없이 살다가 '나'라는 존재를 발견하고 '나'와 '나 밖의 세계'를 구분하기 시작하고 '나'라는 존재와 '나 밖의 세계'를 어떻게 대해야할지를 몰라 방황하기도 하고 사색에 잠기기도 하고 반항도하고 서투른 몸부림을 치게 됩니다. 그러나 명확한 답을 얻지 못한 채 '이미 형성된 자아'를 가지고 끌려가듯 살아갑니다. 그 '이미 형성된 자아'는 모순에 가득 차 있습니다. 자기 내면세계의 한 복판에 모순된 자기를 왕으로 앉혀놓고 살아갑니다. 사춘기 청소년들에게만 볼 수 있는 현상이 아닙니다. 어른들 중에도 잘못 형성된 자아로 인하여 '혼돈'의 삶을 끊임없이 반복하는 사람들이 많습니다. 모든 인간이 다 그러합니다. 모순된 자아를 인하여 심한 고통을 겪고 삽니다. 그러면 어떻게 모순된 자아를 깨버리고 바른 자아를 형성하여 건전한 인생을 살 수 있습니까?

절대자 하나님을 만나야 됩니다. 바른 신앙고백을 통해 주인이 '자기'에서 '하나님'으로 바뀌어야 합니다. 그것이 진정한 회개입니다. 주인이 바뀌지 않은 채 신앙 생활하는 사람은 계속 번뇌와 방황 속에 시달릴 수밖에 없습니다. 그런데 어느 날 내가 우주의 절대자가 아니요, 하나님께서 우주의 절대자임을 깨닫고 하나님을 내 마음 중심에 절대자로 모실 때 내 마음은 신비로운 영적 질서를 찾게 되고 놀라운 평화를 맛보게 됩니다. "하나님, 한낱 피조물에 불과한 죄인이 절대자처럼 군림해 왔던 죄를 회개합니다. 진실로 창조주 하나님만이 절대자이오니 제 중심에 임하시옵소서!" 이것이 '자기 부인'입니다. 예수님을 주인으로 모시고 순종하며 살 때 하나님 안에서의 참 자아를 발견하게 됩니다. 자기의 절대 아성을 헐고 겸손히 하나님을 왕으로 모실 때 진정한 내 인생은 시작됩니다. 사도 바울은 지금까지 자기가 쌓아온 자기 철학, 자기 의, 자기를 버리고 그리스도를 절대자로 모시고 살면서 삶의 환희와 감격을 맛보았습니다.

내면세계의 주인이 '나'에서 '하나님'으로 바뀌지 않은 많은 신앙 활동은 종교적 행사에 불과하지 진정한 신앙생활은 아닙니다. 야곱이 많은 부와 아내, 자녀를 소유했지만 자아가 깨지지 않았을 때는 불안하여 견딜 수 없었습니다. 그러나 얍복강가의 영적투쟁을 통하여 자아가 깨졌을 때 브니엘의 감격을 맛보았던 것입니다.

"왜 나에게는 샘솟는 기쁨, 감격이 없는가?" 바로 깨어지지 않은 당신의 자아 때문입니다. 자기 절대아성을 헐어버리십시오. 바울처럼 배설물로 여겨버리고 그리스도를 당신의 절대자로 모시어 들이십시오. 마음 중심에 그리스도를 모시고 순종하며 그분과 동행하며 살 때 온 세상이 새롭게 보일 것입니다. 마치 송충이가 나비가 되어 창공을 활공하는 것처럼…

* 나누어 볼까요?

1. 당신의 내면세계는 코스모스(질서의 세계)입니까? 아니면 카오스(혼돈의 세계)입니까?

2. 당신에게 샘솟는 기쁨이 가득 합니까?

● 합심기도합시다 예수님을 나의 왕으로 모시고 천국생활을 시작하도록

은밀한 죄를 회개하라

제 8 과

말씀
이사야 59:1~8
새찬송 / 옛찬송
40, 255 / 43, 187

외울말씀
이사야 59:1, 2

고속으로 신앙 성장하던 사람이 갑자기 실족 하는 이유는 무엇입니까? 대개는 숨은 범죄 때문입니다. 건강한 사람이 암과 같은 불치의 병에 걸리면 갑자기 힘을 쓰지 못하고 비틀거리듯이 사탄 마귀는 신자의 죄를 이용하여 영혼의 숨통을 틀어막습니다. 죄를 빨리 회개하고 광명을 찾읍시다.

"여호와의 손이 짧아 구원하게 못하심도 아니요 귀가 둔하여 듣지 못하심도 아니라 오직 너희 죄악이 너희와 너희 하나님 사이를 갈라놓았고 너희 죄가 그 얼굴을 가리어서 너희에게서 듣지 않으시게 함이니라"

❊ 같이 풀어봅시다

1. 하나님과 멀어지는 이유가 무엇입니까? 기도에 응답이 없는 이유가 무엇입니까(1~3절)?

2. 사람들이 많이 짓는 죄가 주로 무엇입니까(3,4절)?

3. 사람들의 죄가 어떤 점에서 독사와 독거미가 연결됩니까(5,6절)?

4. 사람들이 죄짓기에 얼마나 열심이며 결과는 무엇입니까(7,8절)?

5. 하나님은 사람들의 은밀한 죄를 어떻게 하십니까(롬 2:16, 14:10~12)?

신자의 3대 원수는 사탄, 세상, 타락한 죄의 본성인 육신입니다. 사탄은 신자가 죄를 짓고 하나님과 멀어지게 합니다. 한번 죄를 지으면 그 죄를 걸어 하나님과 아주 멀어지게 만듭니다. 하나님과 관계가 나빠지다 보니 신앙생활에 기쁨이 없습니다. 활력이 없습니다. 하나님이 두렵기만 합니다. 신앙생활은 영의 일이기 때문에 영이 하나님과 통해야 기쁨과 만족이 있는 것입니다. 그런데 하나님과 사랑의 관계가 파괴되어 버리면 기쁨이 사라져 버립니다. 신앙생활은 생명력을 잃어버리고 형식만 남아 종교생활만 겨우 영위하는 것입니다. 우리 주위에 참으로 좋은 성도님들이 사탄이 파놓은 함정에 걸려들어 신앙생활을 제대로 하지 못하고 닭병 앓듯이 시름시름 앓고 있는 모습은 안타까운 모습이 아닐 수 없습니다. 그러면 어떻게 해야 사탄의 올무에서 벗어날 수 있습니까?

먼저 신앙의 적을 바로 알아야 합니다. 우리 신앙의 적은 하나님이 아닙니다. 나와 다투었던 성도가 아닙니다. 사탄입니다. 그리고 우리의 죄입니다. 하나님께서 우리를 멀리 하신 것이 아니라 사탄이 하나님과 이간시킨 것입니다. 우리 죄가 하나님을 멀리 하게 한 것입니다. 하나님께서 날 버리신 것이 아닙니다. 사탄이 하나님을 멀리하도록 계획한 것입니다. 하나님께서 날 미워하신 것이 아닙니다. 내 죄가 하나님을 두려워하도록 만들고 하나님을 피하게 만든 것입니다.

다음은 죄를 회개해야 합니다. 공산당이 남파한 간첩이 살길이 무엇입니까? 하루빨리 자수하여 광명 찾아 조국의 품에 안기는 것입니다. 죄를 짓고 두려워 떠는 자가 살길은 빨리 죄를 회개하고 하나님 품에 안기는 것입니다. 하나님은 우리가 회개하면 언제나 우리 죄를 용서해 주십니다. 우리의 더러운 죄, 흉악한 죄, 은밀한 죄, 모두 용서해 주십니다. "내가 의인을 부르러 온 것이 아니라 죄인을 부르러 왔노라" 자기는 아무 죄가 없다고 하며 메시아를 거부하는 자칭 의인들은 주님의 도우심을 받을 수 없습니다. 그러나 자비를 구하며 회개하는 죄인들은 주님의 죄사함과 사랑을 받습니다. 하나님은 죄인들을 구하시려고 독생자를 보내셨고 십자가에 죽도록 내어 주셨습니다. 예수님의 십자가에 흘린 피는 우리 죄인들을 구하기 위한 보혈입니다.

죄를 짓기에 하나님과 멀어지게 되었고 기쁨이 사라진 것입니다. 부끄러운 죄, 흉악한 죄, 은밀한 죄를 다 회개하고 예수님을 새롭게 모시고 생명력이 넘치는 신앙생활을 하시기 바랍니다.

❋ 나누어 볼까요?

1. "두려워 떨지 말고 자수하여 광명 찾자!" 죄는 미워하시나 죄인은 사랑하시는 하나님 앞에 회개할 죄목은 무엇입니까?

🔵 합심기도합시다	숨은 죄를 회개하여 주님과 사랑의 관계를 회복하도록

거듭난 기쁨

제 9 과

말씀
요한복음 3:1~16

새찬송 / 옛찬송
288, 285 / 204, 209

외울말씀
요한복음 3:3

신앙이 성장하려면 신앙 기초가 바르게 세워져 있어야 합니다. 신앙의 기초 중의 기초는 '거듭남'입니다. 거듭난 사람은 잘 성장합니다. 거듭난 후 신앙의 기초를 잘 닦은 사람은 성장 속도가 빠릅니다. 거듭난 사람일지라도 기초가 잘 닦여지지 않은 사람은 비틀거리게 됩니다. 이 시간 거듭남의 기쁨이 가득하기를 기도합니다.

"예수께서 대답하여 이르시되 진실로 진실로 네게 이르노니 사람이 거듭나지 아니하면 하나님 나라를 볼 수 없느니라"

❖ 같이 풀어봅시다

1. 예수님께서 천국을 보고자 한 니고데모에게 무슨 말씀을 주셨습니까(3절)? 거듭남(be born again)이란 무엇을 가리킨 말입니까?
   * 거듭남(be born again, 重生)이란 '영적탄생'을 말함(6절). 즉 구원을 말함. 하나님과 단절된 인간이 하나님 앞에 죄사함 받고 하나님 자녀로 새 출발함을 거듭남이라 함.

2. 사람이 어떻게 거듭날 수 있습니까(5, 16절)?
   * 물과 성령으로 거듭날 수 있음(5절). 이는 요한의 물세례(회개)와 예수님의 성령세례(믿음)를 가리킴(1:33). 즉 성령을 받아 하나님 앞에 회개하고 예수 그리스도의 십자가 보혈을 믿음으로 죄사함 받아 하나님의 자녀가 되어 거듭나게 됨(14~16절).
   * 예수님을 믿음으로 거듭남(창조주 하나님께서 보내신 유일하신 메시아에 대한 신앙, 독생자를 희생하신 하나님의 크신 사랑과 예수님의 절대적인 사랑에 대한 믿음, 성령의 인치심)

3. 거듭남의 증거는 무엇입니까(7~8절)?
   * 바람은 눈에 보이지 않지만 지나가는 흔적으로 알 수 있듯이 영적 탄생도 그러함(7, 8절).
   * 거듭난 사람은 하나님에 대한 태도(불순종에서 순종으로), 이웃에 대한 태도(미움에서 사랑으로), 자신에 대한 태도(절대화에서 자기 부인으로)가 바뀌게 됨.

4. 예수님을 주로 모신 니고데모와 삭개오의 삶이 어떻게 변화되었습니까(요 19:39, 40, 눅 19:7~9)?

5. 거듭남의 기쁨이 충만하려면 어떻게 해야 합니까?

"오! 감사하신 하나님 아버지, 저같이 비천한 자가 하나님을 아버지로 모시다니요? 감격, 또 감격입니다." 어떤 사람은 신앙생활한지 오래 되지 않았는데도 너무 기쁘게 신앙생활을 합니다. 변화된 새사람의 모습이 보입니다. 그래서 칭찬을 받습니다. 그런데 어떤 사람은 신앙생활을 오래하였는데도 기쁨이 없습니다. "저 사람 거듭난 것 맞아?" 신앙생활의 참 맛을 모르고 의무적으로 끌려가듯 신앙생활을 합니다. 영혼의 환희, 천국의 기쁨과 거리가 먼 생활을 합니다. 사람은 좋아 보이는데 신령한 기쁨을 모르고 삽니다. 이유가 무엇일까요?

영의 눈이 뜨여지지 않아서 그렇습니다. 자기중심적 아성이 깨어지지 않아서 그렇습니다. 어떻게 나도 신령한 기쁨이 가득하여 영혼의 찬양을 부르며 눈물로 감격의 기도를 드릴 수 있을까요? 예수님은 말씀하십니다. "거듭나시오!" "당신이 거듭나야 천국을 보게 될 것이오, 당신이 거듭나야 천국의 기쁨을 누리게 될 것이오."

사람이 어떻게 거듭날 수 있습니까? 하나님을 떠난 옛 삶을 회개하고 예수님을 믿음으로 거듭나게 됩니다. 하나님 앞에서 나의 무가치한 삶을 발견하고 예수님 십자가가 나의 죄를 씻기 위한 구원의 십자가임을 믿고 예수님의 생명을 모시어 들일 때 거듭나게 됩니다. 자기중심적인 사람이 어떻게 자기를 버릴 수 있단 말입니까? 어떻게 '자기'가 아닌 '그리스도'를 왕으로 모실 수 있단 말입니까? 어떻게 인간이 창조주와 영적 교통을 할 수 있단 말입니까? 인간의 노력으로는 불가능합니다. 그러나 성령님의 도우심으로는 가능합니다. 성령님의 도우심을 받아 회개하시오. 그리고 진실로 나를 구원하기 위하여 목숨을 바치신 예수님을 나의 왕으로 모시어 드리십시오. 그리하면 성령님께서 놀라운 기쁨을 주십니다. 나의 더러운 죄를 다 씻어주신 주님의 보혈과 사랑에 한없는 감사의 눈물이 터져 나옵니다. 나를 하나님 나라에 데려 가시려고 이 낮은 땅에 오신 예수님의 사랑에 한없는 감사와 기쁨이 가득하게 됩니다.

독생자를 희생하셔서 나를 구원하신 성부 하나님, 나를 구원하시려고 목숨을 바치신 성자 예수님, 나를 거듭나게 하시려고 내 안에서 나를 도우시는 성령님을 생각하면 니고데모처럼, 삭개오처럼 변화된 새 삶을 살게 됩니다.

✳ 나누어 볼까요?

1. 당신은 거듭 났습니까?

2. 거듭난 사람이 기쁨을 상실한 이유는 무엇일까요?

합심기도합시다	성령을 받아 하나님과 교통하는 거듭난 신자가 되어 신령한 기쁨이 가득하도록

성경을 사랑하라

제 1 0 과

말씀
시편 119:97~105

새찬송 / 옛찬송
199, 202 / 234, 241

외울말씀
시편 119:97

갓태어난 신생아는 어머니 젖을 먹고 자랍니다. 그리고 장성해서도 먹어야 삽니다. 안 먹고 성장할 수 없습니다. 먹어야 힘이 납니다. 마찬가지로 영적으로 거듭난 하나님의 자녀는 신령한 젖인 하나님 말씀을 먹어야 삽니다. 그리고 장성해서도 신령한 양식을 먹어야 삽니다. 하나님 말씀은 지혜와 능력의 샘이요, 영혼의 양식입니다.

"내가 주의 법을 어찌 그리 사랑하는지요 내가 그것을 종일 작은 소리로 읊조리나이다."

✽ 같이 풀어봅시다

1. 시인은 성경을 얼마큼 사랑했습니까(97절)?

2. 원수를 이길 수 있는 길이 무엇입니까(98절)? 지혜로운 스승처럼 명철해 질 수 있는 길이 무엇입니까(99절)? 경험 많은 노인처럼 명철해 질 수 있는 길이 무엇입니까(100절)?

3. 시인은 하나님 말씀이 나의 말씀이 되게 하려고 어떤 노력을 하였습니까(101절)? 그리하여 어떤 결과를 얻었습니까(102~104절)?

4. 시인의 인생철학, 신념은 무엇입니까(105절)?

5. 성경에 심취한 사람들이 위대한 삶을 사는 이유는 무엇일까요?

예수님은 말씀하셨습니다. "사람이 떡으로만 살 것이 아니요 하나님의 입으로 부터 나오는 모든 말씀으로 살 것이라"(마 4:4) 사람이 육의 양식을 먹고 육체의 힘을 얻어 살듯이 영의 양식을 먹고 영혼의 힘을 얻어 살 수 있습니다. 겉으로 보기에는 멀쩡해 보이나 영의 양식을 먹지 못하여 삶의 의미를 찾지 못하고 방황하는 영혼들이 많습니다. 인간의 존엄과 고결함을 상실하고 의미 없이 허송세월하며 사는 사람들이 많습니다. 인간미와 깊은 사랑 속에서 발견되는 삶의 기쁨을 누리지 못하고 천한 육체의 쾌락에 인생을 허비하는 사람들도 있습니다. 하나님의 형상을 회복한 은혜의 삶이 있는 것도 모르고 저주를 씹으며 허무에 끌려가는 인생들도 있습니다. "차라리 한 마리 새로 태어났더라면…" "차라리 물고기로나 태어났더라면…" 만물의 영장으로 지음 받은 인간이 존엄과 고결함을 상실하고 자신의 존재를 한탄하는 모습은 심히 안타까운 모습이 아닐 수 없습니다. 어떤 이는 잘 살다가도 한번 복수의 감정에 붙잡혀 복수로 인생을 낭비해 버리기도 합니다. 어떤 이는 쓰레기 같은 것을 얻고자 고귀한 인생을 낭비해 버리기도 합니다. "아, 나는 왜 이러할까?"

하나님의 생명을 잃었기 때문입니다. 하나님의 진리의 말씀이 없기 때문입니다. 영혼의 양식을 먹지 못하여 명철함을 상실해 버렸기 때문입니다. 가슴 설레이는 비전과 감격적인 사랑과 놀라운 영의 세계를 보지 못하여 답답한 인생을 살기 때문입니다.

하나님의 자녀로 살도록 거듭남의 은혜를 받았으면서도 영혼의 양식을 얻지 못하여 비틀거리는 사람들이 많습니다. 은혜를 모릅니다. 보배로운 진리를 가까이 두고서도 지나쳐 버립니다. 창고에 양식을 쌓아놓고도 굶주려 죽을 지경입니다. 큰 수원지 옆에서 목말라 죽을 지경으로 살아갑니다. "주 여호와의 말씀이니라 보라 날이 이를지라 내가 기근을 땅에 보내리니 양식이 없어 주림이 아니며 물이 없어 갈함이 아니요 여호와의 말씀을 듣지 못한 기갈이라 사람이 이 바다에서 저 바다까지, 북쪽에서 동쪽까지 비틀거리며 여호와의 말씀을 구하려고 돌아다녀도 얻지 못하리니 그 날에 아름다운 처녀와 젊은 남자가 다 갈하여 쓰러지리라"(암 8:11~13)

성경을 사랑합시다. 성경을 날마다 읽읍시다. 말씀을 깨닫도록 연구하고 묵상합시다. 성경공부에 힘씁시다. 깨달은 말씀을 가슴에 안고 삶에 실천합시다. "주의 말씀은 내 발에 등이요 내 길에 빛이니이다"

※ 나누어 볼까요?

1. "신앙성장의 길은 성경공부!" 맞습니까? 당신은 어떻게 성경 공부하고 있습니까?

합심기도합시다 달고 오묘한 성경 말씀을 붙잡고 명철한 삶을 살게 하소서

쉬지 말고 기도하라

제11과

말씀
데살로니가전서 5:16~18

새찬송 / 옛찬송
361, 368 / 480, 486

외울말씀
데살로니가전서 5:17

신앙 성장과 기도는 깊은 관계에 있습니다. 신앙이란 하나님과의 사랑의 관계가 생명인데 하나님과 대화하며 인격적으로 만날 때 관계(relationship)가 돈독해 집니다. "하나님의 말씀과 기도로 거룩하여 짐이니라"(딤전 4:5). 기도의 비밀을 배워 살아계신 하나님과 신령한 교제를 나누시기 바랍니다.

"쉬지 말고 기도하라"

✽ 같이 풀어봅시다

1. 신자들을 향한 하나님의 뜻은 무엇입니까(16~18절)?

2. 천국의 기쁨이 가득하여 항상 기뻐하고, 범사에 감사할 수 있는 비결이 무엇입니까(16~17절)?

3. 기도가 중요한 줄 알면서도 계속 기도하지 못하는 이유가 무엇입니까?

4. **어떻게 기도해야 합니까?**
   * 느헤미야 1:4 회개하며 기도
   * 마가복음 11:23, 24 의심치 말고 받은 줄로 믿고 기도
   * 누가복음 18:1 항상 낙망치 말고 기도
   * 빌립보서 4:6 아무 것도 염려하지 말고 기도
   * 야고보서 5:13 고난 중에 기도

5. 기도를 잘 하지 못한 사람이 어떻게 기도를 잘 할 수 있습니까?

"기도는 영혼의 호흡이다.""기도는 하나님과의 대화이다.""신앙성장의 비결은 말씀과 기도이다.""교회부흥의 열쇠는 기도이다.""기도는 기적을 낳는다."

그렇습니다. 신앙생활에 있어 기도는 필수적인 기초입니다. 기도 없는 신앙성장은 생각할 수 없습니다. 열심히 기도할 때 하나님의 살아계심과 하나님의 능력을 체험하게 됩니다. 그 체험은 신앙의 깊은 뿌리를 내리게 합니다. 성경 말씀에 대한 확신을 갖게 합니다. 하나님에 대한 깊은 경외심을 갖게 합니다. 그러므로 신앙생활에 있어 기도는 필수적인 것입니다.

"항상 기뻐하라!""쉬지 말고 기도하라!""범사에 감사하라!"

이것은 하나님의 뜻입니다. 이 세상을 살면서 괴롭고 힘든 일, 슬픈 일을 많이 겪는데 어떻게 항상 기뻐하고 감사할 수 있습니까? 기도하여 하나님의 위로와 상급을 바라볼 때 고난 속에서도 기뻐할 수 있습니다. 그러므로 쉬지 않고 기도함은 매우 중요합니다. 혹 기도를 쉬고 있습니까? 즉시 기도를 시작하십시오. 새벽 기도를 쉬고 있다면 새벽 기도를 다시 시작하십시오. 새벽 미명에 기도하신 예수님을 본받아 새벽에 하나님 앞에 나아가 은혜를 받으십시오. 날마다 1시간 이상씩 기도를 시작하십시오. 사도행전에 보면 성도들은 오전 9시, 낮 12시, 오후 3시 기도시간을 정해 놓고 기도하였음을 알 수 있습니다. 하나님의 자녀들은 그보다 더 자주 하나님 앞에 나아가 기도해야 합니다. "쉬지 말고 기도하라!"

바운즈(E. M. Bounds)는 부르짖었습니다. "기도하라, 기도하라, 기도하라!""아무리 많은 양의 돈을 가졌어도, 아무리 놀라운 천재라도, 아무리 교양 있는 인물이라도 자기 맘대로 하나님의 일을 할 수 없다. 영혼에 활력을 주는 성스러움, 사랑으로 타오르는 사람, 더 많은 믿음, 더 많은 기도, 더 많은 의욕, 더 많은 성결을 갈구하는 것—— 이것이 능력의 비결이다. 오직 그것은 기도로 얻을 수 있다."

하나님께 응답받는 기도는 깨어 회개하는 기도, 받은 줄로 믿고 드리는 믿음의 기도, 낙망치 말고 끈질기게 드리는 기도, 문제를 바라보는 염려보다 하나님을 바라보는 감사의 기도, 고난 중에도 하나님의 뜻을 구하는 기도입니다. 하나님께 기도하여 살아계신 하나님, 전능하신 하나님을 만날 수 있기를 바랍니다.

✻ 나누어 볼까요?

1. "기도는 기적을 낳는다!" 당신은 기도하여 기적을 체험해 보셨습니까?

🔵 **합심기도합시다** | 기도를 통하여 하나님을 향한 불붙는 의욕이 넘치고 구체화 될 수 있도록

십자가의 도

제 12 과

말씀
고린도전서 1:18~25
새찬송 / 옛찬송
144, 458 / 144, 513

외울말씀
고린도전서 1:18

기독교의 가장 큰 진리는 십자가입니다. 십자가는 불신앙의 눈으로 보면 진리이기는커녕 미련한 것으로 보입니다. 그런데 신기하게도 그 속에 참 지혜와 구원과 능력의 길이 담겨 있습니다. 십자가 진리를 터득한 사람은 매우 성숙한 신앙인 입니다. 우리 다 같이 십자가의 도를 배워 봅시다.

"십자가의 도가 멸망하는 자들에게는 미련한 것이요 구원을 받는 우리에게는 하나님의 능력이라"

❋ 같이 풀어봅시다

1. 십자가의 도의 이중성은 무엇입니까(18절)? 십자가의 복음이 왜 멸망하는 사람들, 곧 불신자들에게는 미련하게 보입니까? 또한 구원받는 사람들, 곧 신자들에게는 왜 하나님의 능력이 됩니까?
   * 십자가의 도(The message of the cross) : 하나님의 아들 예수 그리스도께서 우리를 구원하시려고 우리 대신 십자가에 죽으셨다는 말씀. 십자가는 치욕과 고난, 죽음의 절정.

2. 19~21절은 하나님을 떠나 사는 세상 사람들의 지혜와 하나님의 지혜를 비교대조한 말씀입니다. 세상 지혜의 한계와 오류는 무엇입니까? 하나님 지혜의 특징과 능력은 무엇입니까?
   * 하나님을 떠나 사는 불신자들의 얄팍한 지혜와 교만을 부끄럽게 만들어 버리시는 하나님. 그들이 미련한 것으로 여기는 십자가의 복음으로 인류를 구원하여 그들의 지혜를 어리석게 만들어 버리심.

3. 십자가의 복음에 대하여 유대인들과 헬라인들은 어떤 태도를 취합니까? 왜 신자들이 전하는 십자가의 복음이 그들의 지혜보다 월등하게 우월합니까(22~25절)?
   * 유대인들은 예수님을 십자가에 못 박았기 때문에 십자가 복음을 꺼려하였고 헬라인들은 모든 것을 이성적으로 생각하기에 십자가를 어리석은 것으로 생각하였음.

4. 당신에게 십자가의 복음이 하나님의 지혜요 능력이 됩니까? 그 이유는 무엇입니까?

십자가는 인간들이 상상할 수 없는 최고의 진리요 지혜입니다. 인간이 도저히 해결할 수 없는 인류 근본 문제를 해결하는 신기한 능력이요 지혜입니다. 그러나 그 진리는 감춰져 있습니다. 불신자들의 눈으로 보면 진리이기는커녕 심히 어리석고 미련한 것으로 보입니다. 하나님의 아들이 그 큰 능력을 가지고 왜 비참하게 못 박혀 죽어야 하는가? 왜 그 처참한 치욕을 당하며 무시무시한 고통을 받아야 했는가? 죽음은 끝인데 왜 죽어야 했는가? 이런 논리로 불신자들은 십자가 복음이 미련한 것이라도 단정지어버립니다. 그런데 사람들이 미련한 것이라고 외면해 버리는 그 십자가 복음으로 하나님께서는 죄를 사하시고 인류를 구원하시며 인생 문제를 근본적으로 해결해 주십니다.

고린도교회에 분쟁 문제가 있었습니다. 고린도교회 개척자인 바울파, 후임자인 아볼로 파, 수사도인 베드로(게바)파, 이것도 저것도 싫다하여 그리스도파로 나뉘어 다투고 있었습니다. 이처럼 어리석게 다투는 근본 이유는 세상 지혜를 의지하는 까닭이었습니다. 지혜 있다고 자처하는 사람들이 이처럼 어리석게 다투고 있습니다. 인간들이 다투는 근본 이유는 자기 유익, 자기 영광을 추구하기 때문입니다. 물러서면 자기들은 끝장이라 생각하며 자기주장을 꺾지 않고 고집합니다. 이러한 인간의 문제를 근본적으로 해결해 주는 것이 십자가의 복음입니다. 예수님은 하나님의 영광과 인간의 구원을 위해서 치욕의 십자가, 무서운 고난의 십자가, 생명을 바치는 죽음의 십자가를 지셨습니다. 그 예수님의 정신과 삶을 받아들여 하나님의 영광을 추구하며 서로 사랑하고 섬길 때 분열의 문제는 해결됩니다. 십자가는 용서하게 만듭니다. 죄인들은 용서 줄 모릅니다. 복수심은 인간 삶을 파괴하는 악독입니다. 그 악독을 치유하는 해독제가 십자가 복음입니다. 십자가 복음을 진실로 영접한 사람은 복수심을 이길 수 있습니다. 용서할 수 있습니다. 진실로 상대방의 허물과 실수를 용서할 수 있습니다. 진실로 사랑하며 섬길 수 있습니다. 이 놀라운 지혜는 표적을 구하는 유대인이나 지혜를 구하는 헬라인도 얻지 못하는 지혜입니다.

십자가 복음은 하나님과 화목하여 교통하는 능력이요, 하나님의 형상을 회복케 하는 능력이요, 변화된 새사람이 되어 사랑을 베풀게 하는 능력이요, 많은 열매를 맺게 하는 능력입니다. "한 알의 밀이 땅에 떨어져 죽지 않으면 한 알 그대로 있고 죽으면 많은 열매를 맺느니라" 내가 썩어지는 곳에 열매와 영광의 삶이 있습니다. 그런데 인간은 썩어지는 한 알의 밀이 되지 못합니다. 썩어지는 한 알의 밀이 되게 하는 것이 바로 십자가 복음입니다.

✳ 나누어 볼까요?

1. 당신은 용서하기 힘든 사람을 용서하고 사랑해본 적이 있습니까?

2. 썩어지는 한 알의 밀로 살고 있습니까?

| 합심기도합시다 | 십자가 복음으로 용서하고 승리하도록 |

7전8기의 부활 신앙

제 1 3 과

말씀

고린도후서 4:7~11

새찬송 / 옛찬송

161, 167 / 159, 157

외울말씀

고린도후서 4:7

하나님께서는 예수 그리스도의 십자가와 부활을 통하여 인류를 구원하셨습니다. 그래서 십자가의 진리, 부활의 진리가 가장 귀중한 진리입니다. 부활 신앙은 우리 구원을 위해서 절대적으로 필요한 신앙일 뿐 아니라 우리 삶을 혁신적으로 바꾸는 진리입니다.

"우리가 이 보배를 질그릇에 가졌으니 이는 심히 큰 능력은 하나님께 있고 우리에게 있지 아니함을 알게 하려 함이라"

✻ 같이 풀어봅시다

1. 7절의 '보배' 와 '질그릇' 은 각각 무엇을 가리킵니까? 하나님께서 무가치한 질그릇에 그 귀한 보배를 담아주신 까닭은 무엇입니까?

2. 질그릇에 담긴 보배로 인하여 어떤 초월적인 삶을 살 수 있습니까(8, 9절)?

3. '예수 죽인 것을 몸에 짊어짐' 이란 십자가를 지는 것을 말합니다. 믿는 자들이 십자가를 기쁘게 짊어지는 까닭은 무엇입니까(10, 11절)?

4. 부활 신앙을 가지고 사는 사람은 어떤 인생을 살까요?

하나님께서는 예수 그리스도의 성육신, 십자가 죽음, 부활을 쓰셔서 우리를 구원하셨습니다. 그러므로 기독교의 가장 큰 진리는 성육신의 진리, 십자가의 진리, 부활의 진리입니다. "예수님께서 부활하셨음을 믿습니다!"는 부활 신앙은 믿는 자의 삶에 혁명을 일으킵니다.

첫째, 부활 신앙은 죽음의 공포에서 해방시켜 줍니다. 질그릇 안에 담긴 보배, 예수님의 생명으로 인하여 죽음 공포에서 해방됩니다. 십자가로 말미암아 인류가 죄 사함을 받고 예수님의 부활로 말미암아 인류가 사망에서 해방되었습니다. 예수님의 부활이 없었더라면 모든 사람들은 죽음의 공포에 질린 채 살 수밖에 없었습니다. 그런데 예수님의 부활로 말미암아 사망의 세력에서 해방되어 죽음을 두려워하지 않고 담대히 살게 되었습니다.

둘째, 부활신앙은 천국의 소망을 줍니다. 예수님의 부활을 믿는 자는 영생을 갖게 되었습니다. 영원한 천국에 들어가 살게 됩니다. 천국에 들어가 주님과 함께 영원토록 살 것을 생각하면 그저 감사하고 항상 기뻐합니다. 강물 같은 기쁨이 가슴에 넘칩니다.

셋째, 부활신앙은 초월적인 삶을 살게 합니다. '질그릇에 담긴 보배'는 인간의 연약함과 하나님의 능력을 나타냅니다. 신자들은 죄 많은 이 세상에 살면서 '사방에 우겨쌈을 당함' '답답한 일을 당함' '핍박을 받음' '거꾸러뜨림을 당함' 등 극심한 고난을 만나게 됩니다. 그러나 질그릇 속에 담긴 보배로 인하여 그 모든 현실의 장애를 뛰어넘어 초월적인 삶을 살게 됩니다.

넷째, 7전8기의 승리의 삶을 삽니다. 부활은 최후의 승리를 의미합니다. 그래서 부활신앙을 가지면 어떤 어려움 속에서도 낙망하지 않고 다시 일어나 도전합니다. 일곱 번 쓰러져도 여덟 번 다시 일어납니다. 그래서 마침내 최후 승리를 거두게 됩니다.

부활하신 예수님, 그 귀한 생명을 내 마음 속에 모시게 되었으니 영광이 아닐 수 없습니다. 비록 깨지기 쉬운 질그릇 같은 나이지만 보배이신 예수님의 부활로 말미암아 초월적인 삶을 살게 된 것입니다. 부활신앙으로 말미암아 반드시 승리할 것입니다. 할렐루야! 아멘.

＊ 나누어 볼까요?

1. 당신은 절망적인 고통을 체험해 보셨습니까?

2. 부활신앙으로 인한 승리의 확신과 초월적인 기쁨이 있습니까?

● 합심기도합시다 | 부활 신앙을 가지고 모든 고난을 극복하고 영광의 삶을 살 수 있도록

예배의 감격을 찾으라

제14과

말씀
시편 100:1~5

새찬송 / 옛찬송
43, 292 / 57, 415

외울말씀
시편 100:2

신앙생활의 꽃은 예배입니다. 하나님의 사랑, 하나님의 위로, 하나님의 축복이 예배를 통하여 옵니다. 하나님을 향한 사랑, 감사, 충성이 예배를 통하여 나타납니다. 그러므로 신령과 진정으로 예배를 드림이 참된 신앙생활의 열쇠입니다. 나의 왕이신 주께 경배 드리는 예배의 감격을 찾으시기 바랍니다.

"기쁨으로 여호와를 섬기며 노래하면서 그의 앞에 나아갈지어다"

✳ 같이 풀어봅시다

1. 경배의 대상이 되신 하나님은 어떤 분이십니까(3절)?
  * 창조주 : "그는 우리를 지으신 자"
  * 구원자 : "우리는 그의 것, 그의 백성"
  * 인도자 : "그의 기르시는 양"
  * 나의 존재의 근원, 나의 구원자, 생명 길로 인도하시며 보호하시고 필요를 공급해 주시는 인도자, 나의 사랑, 나의 기쁨, 나의 소망, 나의 만족, 나의 모든 것 되신 주

2. 나의 모든 것 되신 하나님께 어떻게 경배해야 됩니까(1, 2, 4절)?
  * 즐거이, 기쁨으로, 노래하면서 경배(1~2절)
  * 기쁨으로 주를 섬기며 경배(2절)
  * 하나님의 위대하심을 깨달으며 경배(3절)
  * 감사의 예물을 드리며 경배(4절, 시 96:7~9)

3. 하나님은 진실하게 경배하는 자에게 어떤 복을 내리십니까(5절)?
  * 선하신 하나님의 좋은 선대하심의 복
  * 영원한 인자하심의 복(헤쎄드의 복, 언약, 자비, 용서하심, 은혜 주심, 영원한 사랑)
  * 대대에 미치는 성실하심(변치 않는 하나님의 사랑, 돌보심 인도하심, 자손 대대에 미치는 복)

4. 사람들이 그 은혜롭고 축복된 예배에 이르지 못하는 이유는 무엇일까요?

5. 당신은 주일 성수하십니까?

하나님께서 우주를 창조하신 목적이 예배입니다(창 1:31, 2:1~3). 하나님께서 인간을 창조하신 목적이 예배입니다(사 43:7). 그러므로 인간은 진실로 하나님께 예배를 드릴 때 만족이 옵니다. 감격의 기쁨을 맛보게 됩니다. 원래 인간이 그렇게 창조되었기 때문입니다.

그런데 왜 거듭난 하나님의 백성들조차도 예배의 감격을 상실하고 끌려가듯 신앙생활을 하고 있는 것입니까? 무엇보다 하나님에 대한 무지 때문입니다. 하나님의 위대하심을 안다면, 그 분의 지극하신 사랑과 은혜를 안다면, 그 분의 간절한 기대를 안다면, 나를 지켜보고 계신 것을 안다면 그렇게 냉랭하게 예배드릴 수 없습니다. 하나님을 모르기 때문에 감격의 예배를 드리지 못하는 것입니다. 하나님의 지극하신 사랑과 이 죄인을 향한 측량할 수 없는 크신 은혜를 깨닫고 감격의 예배를 드릴 수 있기를 바랍니다. "오 위대하신 하나님 아버지, 이 티끌 같은 죄인을 그렇게도 사랑하셨나이까? 이 먼지 같은 죄인을 구원하시려고 한 분밖에 없는 외아들을 내어주셨나이까? 이 죄인을 눈동자처럼 보호하시고 돌보시나이까? 이제 이 죄인 눈이 떠져서 하나님의 그 크신 사랑을 깨닫고 그저 감사하나이다. 눈물로 감사하나이다."

인간의 교만과 죄가 감격의 예배를 방해합니다. "여호와의 손이 짧아 구원하지 못하심도 아니요 귀가 둔하여 듣지 못하심도 아니라 오직 너희 죄악이 너희와 너희 하나님 사이를 갈라놓았고 너희 죄가 그 얼굴을 가리어서 듣지 않으시게 함이니라"(사 59:1,2) 하나님은 거룩하신 분이십니다. 죄인들은 감히 우러러 볼 수도 없는 빛이신 하나님이십니다. 그래서 사람이 죄를 지을 때 그 죄가 눈을 멀게 하여 하나님을 바라보지 못하게 하며, 귀를 막아 듣지 못하게 하며, 마음을 막아 사랑이 식어지게 만듭니다. 죄의 장벽이 하나님께 가까이 나아가지를 못하게 막아버립니다. 해결책은 회개입니다. 범죄한 죄인들에게는 선지자적 책망이 필요합니다. 하나님 말씀과 성령의 도우심과 본인의 의지적인 노력으로 회개할 때 하나님께 나아갈 길이 열립니다. "오 거룩하신 하나님, 이 교만하고 더러운 죄인, 죄를 감추고 토설치 아니할 때 여름 가뭄에 호박 넝쿨 마르듯이 말랐나이다. 죄를 회개하여야 한다는 것을 알고서도 고집을 피우던 교만한 죄인입니다. 이제 악독한 죄를 회개하오니 받아주소서! 눈물로 회개하오니 받아주옵소서!"

예배의 본질은 드림(giving)입니다. 최고의 가치 있는(worth) 것을 드림입니다. 사랑과 마음을 담은 예물을 드리고 헌신을 다짐하며 예배드릴 때 감격의 기쁨이 회복됩니다.

✳ **나누어 볼까요?**

1. "아버지 하나님은 영과 진리로 예배하는 자들을 찾으시느니라"(요 4:23)당신은 예배의 감격에 푹 빠져 있습니까?

🔘 **합심기도합시다** | 교만한 마음을 버리고 회개하며 감격의 예배를 드릴 수 있기를 기도합니다

순종의 기적

제15과

말씀

누가복음 5:1~11

새찬송 / 옛찬송

523, 302 / 262, 408

외울말씀

누가복음 5:6

신앙생활의 기초는 거듭남, 말씀, 기도, 예배, 순종입니다. 성경은 유난히 순종을 강조합니다. 죄의 본성은 불순종이요, 의의 출발점은 순종입니다. 하나님의 은혜와 사랑과 축복이 순종의 관(파이프)을 통하여 흘러들어갑니다. "순종은 기적을 낳는다!"는 말씀을 기억하며 순종하시어 하나님의 큰 은혜를 누리시기 바랍니다.

"그렇게 하니 고기를 잡은 것이 심히 많아 그물이 찢어지는 지라"

✳ 같이 풀어봅시다

1. 시몬이 예수님 말씀에 순종하기 어려웠던 이유는 무엇이었습니까(1~4절)?
   * 고기 잡는 직업을 가진 어부 시몬에게 목수요, 랍비인 예수님이 명령하신 점
   * 밤이 맞도록 고기 잡아 보았으나 잡지 못한 직후에 하신 명령이기에..
   * 아침에는 고기들이 먹이를 찾아 얕은 물가로 나오는데 깊은 데로 가서 고기를 잡으라는 상식에 맞지 않는 명령이기에.
   * 애써 그물을 씻어놓은 후이므로.
   * 피곤한 때이므로.

2. 시몬이 순종할 수 있었던 이유는 무엇일까요(5절)?
   * 예수님에 대한 존경심이 있었으므로(5절).
   * 예수님을 처음 만난 것이 아니었기에(요 1:40~42).
   * 말씀의 은혜를 받았기에(1절).

3. 예수님 말씀에 순종할 때 어떤 기적이 일어났습니까(6~7, 10절)?
   * 밤새 내내 헛 그물질만 하였는데 말씀에 순종하니 그물이 찢어지도록 고기를 잡음.
   * 두 배에 가득 채울 만큼 많은 고기를 잡음.
   * 고기 잡는 어부에서 사람 낚는 어부로 인생이 바뀜.

48

인류 구속사는 창조 → 타락 → 구속 → 완성으로 진행해 가고 있습니다. 사람이 영광스러운 우주의 대표자의 위치를 상실하게 됨은 죄 때문이었습니다. 그 죄의 본질은 불순종이었습니다. 아담의 불순종으로 인류는 죽음의 구렁텅이에 빠지게 되었습니다. 죄로 멸망해 가는 인류를 구원하러 예수님이 오셨습니다. 예수님은 순종하심으로 인류를 구원하셨습니다. "한 사람의 순종치 아니함으로 많은 사람이 죄인된 것 같이 한 사람의 순종하심으로 많은 사람이 의인이 되리라"(롬 5:19) 불순종은 자신과 인류의 멸망, 순종은 자신과 인류의 구원이라는 공식이 나옵니다. 그리고 불순종이나 순종은 자신에게만 적용되는 것이 아니라 다른 사람에게 막대한 영향력을 끼친다는 것입니다. 그래서 성경은 순종을 매우 강조하여 가르치고 있습니다.

시몬은 어부였습니다. 매우 거칠게 살아온 사람이었습니다. 순종의 타입이 아니었습니다. 그런데 어느 날 예수님께서 자기 배에 오르셔서 명령하시는 것이었습니다. "깊은 데로 가서 그물을 내려 고기를 잡으라!" 순종하기 어려운 명령이었습니다. 성경을 가르치는 분이 어부에게 명령으로 밤이 새도록 잡아 보았지만 안 되었는데 다시 잡으라니? 그물까지 씻어 놓았는데 또 그물을 내려 고기를 잡으라니? 고기는 밤에 깊은 곳에서 쉬지만 아침에는 먹이를 찾으러 얕은 물에 나오는 것이 상식인데 깊은 데로 가서 고기를 잡으라니? 몹시 피곤한데 또 잡으라니? 순종하기 어려운 상황이었습니다.

그러나 시몬은 순종하였습니다. 토를 달지 아니하고 순종했습니다. 이미 그는 예수님을 만나보았기에 그 분이 보통 분이 아니라는 것을 알았기에 순종할 수 있었던 것입니다. 그리고 그날 아침에 예수님 말씀에도 은혜를 받았기에 순종할 수 있었습니다. 마음은 내키지 않았지만 주님의 권위 앞에 그저 순종해 보는 것이었습니다. 그런데 순종의 결과는 놀라웠습니다. 깜짝 놀랐습니다. 상식을 뛰어 넘는 놀라운 것이었습니다. 기적이 일어났습니다. 그물이 찢어지도록 많은 고기가 잡혔습니다. 두 배에 채울 정도의 많은 고기였습니다. 인간의 온갖 노력을 다한 것은 실패였지만 주님 말씀에 순종은 기적을 낳았습니다.

순종은 기적을 낳습니다. 주님의 말씀에 순종하여 살아계신 하나님의 초자연적인 능력을 체험해 보시기 바랍니다. 변화된 새사람이 되어 은혜의 새 인생을 사시기 바랍니다.

✳ 나누어 볼까요?

1. "순종은 기적을 낳는다!" 당신은 순종하여 살아계신 하나님의 기적을 체험해 보셨습니까?

🔵 합심기도합시다   진실로 하나님의 말씀에 순종하여 기적을 체험하게 하소서

성육신의 삶

말씀
고린도전서 9:18~23

새찬송 / 옛찬송
95, 87 / 82, 87

외울말씀
고린도전서 9:19

하나님께서는 예수 그리스도의 성육신, 십자가, 부활을 통하여 인류를 구원하셨습니다. 예수님의 성육신은 하나님께서 보내신 메시아임을 입증, 하나님을 온전히 섬기는 인간의 모범, 영광스러운 인간의 전형을 보여줍니다. 특히 믿는 자들이 죄를 벗어버리고 거룩한 하나님의 형상을 회복하는 길을 보여줍니다. 바울 사도는 성육신의 진리를 잘 배운 사람입니다.

"내가 모든 사람에게서 자유로우나 스스로 모든 사람에게 종이 된 것은 더 많은 사람을 얻고자 함이라"

❋ 같이 풀어봅시다

1. 바울 사도는 자기의 복음 전파의 상이 무엇이라 말합니까? 그 뜻이 무엇입니까 (18절)?

2. 참 자유인이면서도 스스로 모든 사람의 종이 되는 이유는 무엇입니까(19절)?

3. 유대인들, 율법 아래 있는 자들, 율법 없는 자들, 약한 자들을 구원하고자 바울 사도는 어떻게 하였습니까(20~22절)? 그렇게 한없이 낮아지는 이유가 무엇입니까(22, 23절)?

4. 성육신의 진리가 무엇입니까?

✻ 메시지

성육신이란 '하나님이 육신을 입음'입니다. 즉 한없는 낮아짐을 말합니다. 하나님의 영광과 양 무리의 구원을 위하여 한없이 낮아지는 사랑을 말합니다. 하나님의 아들 예수 그리스도께서 하나님 아들의 영광과 권세를 버리고 이 낮은 땅에 오심은 실로 말할 수 없는 사랑입니다. 죄인들의 세계로 내려오셔서 죄인들의 친구가 되어 죄인들을 감화 감동하는 사랑입니다. 그러나 성육신은 죄인의 세계에 들어가지만 죄를 지은 것은 아닙니다. 죄인들의 위치까지 내려가 그들의 눈높이에서 하나님의 사랑과 진리를 가르쳐 그들을 저 높은 하나님의 세계로 이끌고 나오는 사랑입니다. 교만과 거짓과 이기심과 욕심으로 가득 찬 죄인들을 섬기란 정말 어렵습니다. 그러나 그들의 죄는 미워하지만 그들의 영혼을 사랑하여 섬기는 것입니다. 하나님 나라의 영광을 버리고 죄인들의 틈에 사신 예수님은 얼마나 불편하고 고통스러웠을까요? 그러나 그 모든 것을 다 참으시고 오직 그들을 구원하려는 사랑으로 겸손하게 섬기신 것입니다. "오, 사랑의 예수님, 그 겸손하게 죄인들을 섬기신 거룩한 사랑에 엎드려 감사드립니다. 참으로 주님은 사랑의 왕이십니다."

바울 사도는 그 예수님의 신기하고 놀라운 사랑에 감동하여 지금까지 자기가 추구해온 율법의 의와 가문의 영광과 사람들의 인정과 칭찬을 배설물로 여겨버리고 오직 그 예수님의 거룩한 사랑을 배우며 실천하였던 것입니다. "내가 모든 사람에게 자유하였으나 스스로 모든 사람에게 종이 된 것은 더 많은 사람을 얻고자 함이라"(19절) "약한 자들에게는 내가 약한 자와 같이 된 것은 약한 자들을 얻고자 함이요 여러 사람에게 내가 여러 모양이 된 것은 아무쪼록 몇몇 사람들을 구원코자 함이니"(22절) 참으로 감동적인 모습입니다.

하나님의 아들 예수 그리스도의 그 큰 사랑을 가슴에 안고 성육신의 정신으로 주님과 함께 저 낮은 사람들의 세계에 내려가 복음을 전파하며 사랑으로 섬길 때 천국의 기쁨을 누릴 수 있습니다. 마침내 죄인을 구원한 그 기쁨은 형언할 수 없는 큰 기쁨입니다. 예수님의 성육신의 사랑을 배우며 그 사랑 가지고 죄인들을 섬기며 구원할 때 신령한 환희와 감격을 누리게 됩니다. 예수님의 성육신의 사랑을 배우십시오. 그 귀한 사랑을 가지고 복음을 전파하며 영혼을 구원해 보십시오. 큰 기쁨에 충만할 것입니다.

✻ 나누어 볼까요?

1. 방탕한 죄인을 어떻게 구원할 수 있을까요?

2. 말썽꾸러기 자녀들을 어떻게 훌륭한 아이로 기를 수 있을까요?

합심기도합시다 　예수님의 성육신을 잘 배워 영혼을 구원하는 복음전파자가 되도록

문둥병자를 고쳐주신 예수님

제17과

말씀
마가복음 1:40~45
새찬송 / 옛찬송
287, 310 / 205, 410

외울말씀
마가복음 1:41

"하나님은 사랑이시라(God is love.)"(요일 4:8) 우리 예수님은 사랑의 왕이십니다. 예수님의 나라는 사랑으로 통치하시는 사랑의 왕국입니다. 죄로 얼룩지고 찌그러진 인생들이 예수님의 사랑으로 어린아이처럼 깨끗하게 변화됩니다. 문둥병자를 고치신 예수님의 사랑이 임하기를 기도합니다.

"예수께서 불쌍히 여기사 손을 내밀어 그에게 대시며 이르시되 내가 원하노니 깨끗함을 받으라 하시니"

✱ 같이 풀어봅시다

1. 문둥병은 어떤 병입니까? 한 문둥병자가 예수님께 무엇을 간청하였습니까(40절)?
   * 문둥병 : 성경이 기록되던 당시는 불치의 병이었음. 병균이 신경을 갉아먹어 손발 얼굴이 일그러지는 무서운 병. 그래서 문둥병은 죄의 상징으로 여겨졌으며 신의 저주와 형벌로 취급을 받음.

2. 예수님께서 문둥병을 어떻게 고쳐주셨습니까(41, 42절)?
   * 민망히 여기사 : 창자가 끊어지는 것 같은 애절한 연민의 정을 가지고 도와줌을 가리킴.
   * 손을 내밀어 저에게 대시며: 전염성이 강한 문둥병은 접촉하면 안 됨. 그러나 그에게 참 사랑으로 위로와 치료를 위해 적극적으로 접촉하신 것임.

3. 예수님께서는 왜 소문내지 못하도록 엄히 경계하셨습니까(43절)? 왜 제사장에게 가서 확인하라고 명하셨습니까(44절)? 예수님께서는 어떤 어려움을 겪으셨습니까(45절)?
   * 경계 이유 : 사람들의 관심이 영혼의 치유의 복음보다 육신의 병 고침에 쏠릴까봐.
   * 제사장에게 보임 : 문둥병의 완치 여부를 제사장이 확인해야 정상적인 사회인으로 생활할 수 있었음(레 14:2).

4. 예수님께서 죄 많은 나를 진정 사랑하실까요?

❊ 메시지

예수님의 놀라운 사랑은 문둥병자를 고쳐주시는 장면에 잘 나타나 있습니다. 문둥병은 매우 무서운 질병입니다. 이 병에 걸리면 처음에는 신경이 마비되어 피부가 썩어가도 고통을 느끼지 못합니다. 후에는 손가락 발가락이 떨어져 나갑니다. 더 심한 경우는 손목 발목이 썩어 떨어져 나가고 눈이 뒤집혀 실명하며 피부가 썩어 차마 쳐다볼 수 없는 무서운 병입니다. 살 썩는 냄새가 고약하여 접근이 불가능합니다. 보기에 흉측하며 치료가 거의 불가능하여 신의 저주와 형벌로 취급하였던 병입니다. 또한 이병은 전염성이 강하여 격리 수용되었습니다. 누가 가까이 오면 "부정하다, 부정하다" 소리를 질러야했고 동네에 들어오면 사람들이 돌로 쳤던 것입니다. 그래서 이 병에 걸리면 육체적 고통은 물론이요 사람들에게 멸시받는 영혼의 상처가 매우 심했습니다.

예수님은 이 더러운 문둥병자를 손으로 만지시며 고쳐주셨습니다. 말씀만으로도 능히 고치실 수 있으신 주님께서 고름 나는 손과 발을 어루만지시며 고쳐주신 것은 기이한 일이었습니다. 그 이유는 그의 육신의 병 뿐 만이 아닌 영혼의 상처를 치료해 주시기 위함이었습니다. 그리고 제사장에게 완치되었음을 확인하도록 도우셔서 정상적인 사회인으로 그 인생을 회복시켜 주셨습니다. 육체의 병도 영혼의 병도 치료해 주신 것입니다. 사람들에게 멸시를 받고 상처가 많은 이 환자는 전염의 위험을 무릅쓰고 고쳐주시는 예수님의 사랑에 완전히 감동되었을 것입니다.

문둥병은 죄의 상징입니다. 모든 죄인은 죄와 이기심과 욕심으로 흉측한 문둥병자처럼 썩어있고 손이 오그라져 있습니다. 사랑할 줄 모릅니다. 역겨운 냄새를 풍깁니다. 그러고도 심한 교만과 아집으로 하나님을 대적합니다. 예수님은 문둥병자 같은 더럽고 냄새나는 우리를 껴안으시고 품어주시고 깨끗케 하여주십니다. "오, 신기하고 놀라운 사랑의 주님, 그저 감사하고 눈물로 감격하며 감사할 따름입니다." 예수님의 사랑의 품에 안겨 육체와 영혼의 질병들을 치료받으시기 바랍니다. 그리고 깨끗케 된 영혼들은 그 귀한 사랑을 전파하시기 바랍니다. 예수님의 사랑을 가지고 다른 영혼을 도와 온전케 할 때 천국의 기쁨을 맛보게 됩니다. 그 천국의 기쁨이 당신 영혼에 충만하기를 바랍니다.

❊ 나누어 볼까요?

1. 당신은 과거 어떤 사람이었습니까?

2. 당신에게 임한 예수님의 거룩한 사랑을 간증해보시오.

합심기도합시다 예수님의 거룩한 사랑에 감사하며 그 사랑으로 다른 영혼을 섬기도록

천국 가정을 이루어 주소서!

제18과

말씀
시편 128:1~6

새찬송 / 옛찬송
401, 559 / 457, 305

외울말씀
시편 128:1

하나님께서 친히 세우신 기관은 가정과 교회입니다. 가정과 교회는 천국과 깊은 관련되어 있습니다. 하나님을 절대자로 모시고 거룩한 하나님 사랑으로 서로 사랑할 때 가정은 천국으로 바뀌게 됩니다. 5월 가정의 달을 맞이하여 각 가정마다 천국의 기쁨이 가득한 가정이 되기를 기도합니다.

"여호와를 경외하며 그의 길을 걷는 자마다 복이 있도다"

❋ 같이 풀어봅시다

1. 어떤 가정이 진실로 복된 가정입니까(1, 4절)?
 1) 돈이 많으나 자주 다투는 가정
 2) 별 부족함이 없어 보이나 영생을 얻지 못한 가정
 3) 서로 신뢰하지 못하고 대화가 없는 가정
 4) 여호와를 경외하며 진실로 사랑하는 가정

2. 하나님을 가장으로 모신 가정은 일에 대하여 어떤 자세를 가집니까(살후 3:8, 10)? 그리하여 무슨 복을 받습니까(2절)?
 * 결실한 포도나무(3절) : 수확기의 포도나무를 가리킴. 알알이 영근 포도송이가 주렁주렁 달린 포도나무는 보기만 해도 매우 뿌듯함. 많은 자녀를 생산하며 자녀들을 잘 교육시킨 부인을 칭찬하는 말.
 * 어린 감람나무(3절) : 이스라엘의 감람나무 열매는 식용, 등불을 켜는 기름, 치료약 등으로 다양하게 쓰였으며 매우 수익성이 높았음. 장차 집안 살림에 큰 몫을 할 자랑스러운 아들을 일컫는 말. 큰 기대가 되는 유망주임.

3. 아름다운 신앙을 가진 가정의 부부 금슬이 어떠합니까(3절상)? 자식들은 얼마나 소망스럽습니까(3절하)?

4. 하나님을 경외하는 가정은 어떤 신령한 복을 받습니까(5절)?
 * 시온은 성전이 있는 산을 가리킴. 그러므로 성전에서 예배를 통하여 주시는 신령한 복을 가리킴. 예루살렘의 복이란 성전이 있는 거룩한 도시의 축복으로서 하나님의 공동체를 통한 신령한 복을 의미함.

5. 믿음의 가정의 마지막 복이 무엇입니까(6절)?

하나님께서 친히 창조하신 기관은 가정과 교회입니다. 가정과 교회는 하나님의 인류구원과 깊은 관련성이 있습니다. 하나님께서 펼치실 하나님의 나라는 가정과 천국을 통하여 이루어 집니다. 하나님께서 구원받는 자에게 주시는 천국은 가정과 교회를 통하여 체험케 됩니다. 그러므로 가정은 교회만큼 천국 건설에 있어 매우 중요한 공동체입니다.
그러므로 여호와 하나님을 경외하여 가정 천국을 이루시기 바랍니다.

예수 그리스도를 믿고 구원받아 여호와 하나님을 경외하는 가정은 하나님의 복을 받습니다. 천국을 선물로 받습니다. 천국의 기쁨이 가득한 가정을 선물로 받습니다. 천국은 하나님의 통치를 받는 영역입니다. 하나님의 통치를 받는 영역은 사랑과 기쁨, 평화가 넘치는 세계로 변화됩니다. 하나님의 거룩한 사랑으로 서로 사랑하고 섬기기 때문에 천국의 기쁨이 가득합니다. 하나님의 왕자로 대접하고 하나님의 공주로 대접하므로 보이지 아니하는 하나님 사랑을 보이는 사랑으로 체험케 합니다. 구체적으로 가정 천국을 이룬 가정은 무슨 복을 받습니까?

먼저 즐거이 일하는 복을 받습니다. 원래 일은 하나님의 큰 복이었습니다. 그런데 죄로 말미암아 일이 저주가 되고 말았습니다. 그런데 구속을 받고나면 다시 일이 축복이 됩니다. 일의 목적과 소망을 찾게 되어 즐겁게 일하게 됩니다. 자기 영광을 일할 때는 보람을 느끼지 못하지만 하나님 영광을 위하여 일하면 가슴 뿌듯한 큰 보람을 느끼게 됩니다. 하나님께서 나를 사랑하시어 이 일을 맡겨주심을 깨닫고 일할 때 일의 의미를 찾게 됩니다. 이와같이 즐겁게 일할 때 형통하게 됩니다. 형통의 복을 누릴 때 그저 감사하고 하나님을 소리 높여 찬양하게 됩니다. 여호와를 경외하면 부부 금슬이 매우 좋아집니다. 부부 사랑을 근본적으로 해치는 것은 자기중심성입니다. 왕 혹은 여왕처럼 군림하면서 복종을 요구하니 아름다운 부부관계가 형성되지 않습니다. 그런데 하나님을 모신 사람은 종의 도를 터득하여 사랑으로 섬기니 예수님과 함께 사는 것 같은 행복감을 맛보게 됩니다. 하나님의 진리와 사랑으로 양육 받은 자녀들은 부모님을 진실로 존경하고 사랑합니다. 그리고 훌륭한 진리의 일꾼으로 성장합니다. 자식들을 바라보면 천국이 보입니다. 장차 베푸실 영광이 보입니다. 하나님께서 예배 때마다 신령한 복을 주십니다. 계속 성장하면서 새로운 모습으로 교회를 섬기니 하나님께서 기뻐하십니다. 하나님과 사람에게 은총과 귀중히 여김을 받으니 살 맛 납니다. 여호와를 진실로 경외하고 배우자를 사랑하여 천국 가정 이루시기를 바랍니다.

※ 나누어 볼까요?

1. 당신의 가정은 천국과 같습니까? 그렇지 못하다면 원인은 무엇입니까?

2. 어떻게 천국가정을 이룰 수 있을까요?

● 합심기도합시다 예수님께 순종하고 여호와 하나님을 경외하여 천국 가정 이루도록

부모님을 즐겁게 합시다!

말씀
사무엘하 18:31~33
새찬송 / 옛찬송
559, 579 / 305, 304

외울말씀
잠언 23:25

하나님께서는 "네 부모를 공경하라"고 제 5계명을 주셨습니다. 제 5계명은 인간다운 삶의 근본을 가르치는 첫 계명입니다. 부모님을 사랑함은 사람다운 인격을 갖추는 근본입니다. 나를 낳아주시고 길러주신 부모의 은혜를 기억하고 부모님을 즐겁게 해 드리시기를 바랍니다.

"네 부모를 즐겁게 하며 너를 낳은 어미를 기쁘게 하라"

✽ 같이 풀어봅시다

1. 다윗 왕이 무슨 소식을 초조하게 기다리고 있습니까(24~32절)?

* 전쟁 결과 소식을 기다림. 특히 반역한 자식 압살롬의 안부를 기다림. 압살롬은 천하에 불효자식임. 아버지 다윗 왕을 대적하여 반역함. 아버지를 죽이고자 군대를 풀어 쫓아온 자임. 다윗은 자식과의 전쟁을 피하여 도망갔으나 압살롬은 아버지를 죽이고자 쫓아옴. 그러나 다윗 왕은 압살롬의 생사가 궁금하여 전령을 애타게 기다리고 있음.

2. 압살롬의 전사 소식을 들은 아버지 다윗 왕은 어떤 반응을 보였습니까(33절)?

3. 부모님의 자식을 향한 사랑이 어떠합니까?

4. 나를 낳아 주시고 길러주신 부모님을 어떻게 모셔야 합니까(잠 23:22~26)?

하나님께서는 인간의 근본 도리를 열 가지 계명으로 말씀하여주셨습니다. 십계명 중 1~4계명은 창조주 하나님에 대한 계명입니다. 5~10계명은 인간에 대한 계명입니다. 즉 사람을 상대로 살 때 지켜야 할 기본 윤리입니다. 그 기본 윤리의 첫 계명이 바로 "네 부모를 공경하라"입니다. 바꾸어 말하면 사람다운 사람이 되려면 부모님을 공경할 줄 알아야 한다는 것입니다. 거기에서 사람다운 인격이 형성되며 바른 인간이 되는 것입니다.

부모님은 참으로 자식들을 사랑합니다. 자식을 진실로 사랑하여 자신을 아낌없이 희생합니다. 부모님의 사랑은 참으로 위대합니다. 다윗왕은 노년에 둘째 아들 압살롬으로 인하여 인생의 쓰라린 고통을 겪었습니다. 압살롬이 형 암논을 죽였습니다. 그 소식을 들은 아버지 다윗의 마음이 얼마나 아팠겠습니까? 그런데 나중에 압살롬은 불만 세력을 규합하여 아버지를 반역하였습니다. 아버지는 부자간의 살육을 피하려고 멀리 도망을 갔는데 압살롬은 반란군을 동원하여 아버지를 몰살시키려 쫓아왔습니다. 그리하여 아버지 군대와 자식의 군대가 치열한 전투를 벌이게 되었습니다. 그 와중에 아버지 다윗은 압살롬의 생사가 걱정이 되어 문루에 앉아 안절부절 기다리고 있습니다. 마침내 압살롬이 죽었다는 소식을 듣고 마음이 심히 아파 울었습니다. "내 아들 압살롬아 내 아들 압살롬아 내가 너를 대신하여 죽었더면, 압살롬 내 아들아 내 아들아 …" 이것이 부모의 마음입니다. 자식이 천하에 불효를 하여 반역을 하여도 부모는 그저 자식 걱정입니다. 원수 같은 자식이건만 죽었다는 소식에 마음을 찢으며 슬피 통곡합니다. "차라리 내가 죽었을 것을 네가 죽다니?"하며 통곡합니다. 부모은 진실로 자식을 사랑합니다. 자식의 작은 효도에도 매우 기뻐합니다.

성경은 우리를 가르칩니다. "네 부모를 즐겁게 하라"

어떻게 부모님을 즐겁게 해드릴 수 있습니까? 먼저 부모님을 자주 찾아뵙는 것입니다. 부모님을 모신다면 더욱 좋겠지요. 전화를 자주하여 부모님이 고독 속에 빠지지 않도록 해 드려야 합니다. 부모님이 아프시다면 빨리 치료해 드리시기를 바랍니다. 부모님께 생활비와 용돈을 드림은 부모 공경의 핵심입니다. 어떤 집사님은 하나님께 십일조, 부모님께 십일조를 드린다고 합니다. 부모님들이 노년에 물질이 없어서 사람 구실을 못하며 비참하게 살도록 방치하고 있다면 어찌 자식의 도리를 다하고 있다고 말하겠습니까? 네 부모를 즐겁게 해 드리라는 성경의 가르침에 순종합시다. 효도 관광도 시켜 드립시다. 부모 공경하는 모습을 우리 자식들이 배웁니다. 부모를 즐겁게 해 드립시다.

※ 나누어 볼까요?

1. 당신은 부모님께 어떤 효도를 하고 있습니까?

> ● 합심기도합시다　부모님을 즐겁게 해 드리도록

서로 존경하고 섬기는 부부

말씀
베드로전서 3:1~7

새찬송 / 옛찬송
559, 220 / 305, 278

외울말씀
에베소서 5:33

가정의 핵심은 부부입니다. 부모 공경, 자녀 사랑도 중요하지만 그보다도 더 중요한 것은 부부입니다. 남편과 아내가 올바른 신앙과 건전한 삶 속에서 서로 사랑하고 섬기면 가정의 모든 문제는 풀립니다. 하나님께서 짝지어 주신 사랑하는 배우자를 어떻게 사랑해야 합니까?

"그러나 너희도 각각 자기의 아내 사랑하기를 자신 같이 하고 아내도 자기 남편을 존경하라"

✳ 같이 풀어봅시다

1. 아내는 남편을 어떻게 대해야 합니까(1절)? 불신자 남편이 누구를 통해 구원을 얻게 됩니까(1, 2절)?

   * 아내는 남편에게 순복해야 됨. 순복은 곧 순종임. 순종은 굴종이 아닌 사랑의 표현임. 남편의 권위를 인정하고 존경하며 사랑할 때 남편은 아내의 아름다운 행실에 감동하여 아내 말을 듣게 됨. 그리하여 아내를 따라 교회에 나오게 되어 구원받게 됨.

2. 진정 아름다운 부인의 단장은 무엇입니까(3, 4절)? 거룩한 부인으로 존경받던 믿음의 여인들은 어떻게 자기를 단장하였습니까(5, 6절)?

3. 남편은 아내를 어떻게 대해야 합니까(7절)? 부부 싸움을 하면 기도가 막혀버리기도 합니다. 기도가 막히지 않고 은혜로운 신앙생활을 하려면 어떻게 해야 합니까?

   * 지식을 따라 아내와 동거함 : 부부 동등을 가르치는 하나님 말씀 교훈에 따라 아내를 진정으로 사랑하며 동거함. 특히 아내와 함께하는 시간을 많이 갖도록 깨우치는 말씀.
   * 저는 연약한 그릇이요 : 여성들은 대체로 감수성이 예민하고 섬세하며 여린 마음을 갖는 것이 특징임. 그러므로 남편의 넓은 품으로 아내를 이해하고 돌보라는 말씀.
   * 생명의 은혜를 유업으로 함께 받을 자로 알아 귀히 여기라 : 생명의 은혜는 영생 곧 천국을 가리킴. 영원토록 영생복락을 함께 누릴 존재이므로 귀히 여기라는 말씀.

가정의 핵심은 부부입니다. 부모님보다도 자식보다도 배우자에게 더 많은 관심과 사랑을 가져야 합니다. 한국의 많은 부인들은 남편보다도 자식 중심으로 가정생활 합니다. 남편은 자식이 생기기 전 잠시 사랑하다가 자식이 생긴 후로는 애정이 자식에게로 쏠립니다. 남편에게는 별로 관심이 없고 오직 자식에게만 애정을 쏟습니다. 이것은 건전한 가정의 모습이 아닙니다. 자녀가 매우 사랑스러울지라도 배우자를 더 사랑하고 관심을 가져야 합니다. 그래야 정상적인 가정이 됩니다. 일반적으로 부모님하고는 20여년 함께 살고 자식들하고도 그 정도 삽니다. 그러나 배우자하고는 50년 이상 함께 삽니다. 이 한 가지만 생각해도 아내에게 잘해야 하고 남편에게 잘해야 합니다. "목사님, 저는 남편에 대한 기대 진작 버렸어요, 그저 사는 것이지 애정이란 조금도 없어요, 그저 저 자식새끼들 보고 살지요" 너무나 잘못된 가정생활입니다. 자녀들을 사랑하고 관심을 가짐은 마땅하지만 그보다 더 배우자에게 관심과 사랑을 가져야 합니다.

먼저 아내는 남편의 권위를 인정하고 존경과 사랑으로 섬겨야합니다. 남자는 타고 나면서부터 자존심이 있습니다. 권위를 인정받고 싶어 합니다. 그런데 약점을 가장 많이 알고 있는 아내가 남편의 자존심을 상하게 하고 권위를 무시해 버리면 남편은 기가 꺾여버립니다. 그러므로 현숙한 여인은 부족해도 남편에게 순종합니다. 남편의 권위를 인정하고 존경심을 가지고 사랑합니다. 그러면 남편의 태도는 아주 달라집니다. 사라는 남편 아브라함을 주 곧 주인님이라고 불렀습니다.

아내가 잘 하기를 바란다면 남편들이 잘해야 합니다. 여성은 남성과 다른 점이 많습니다. 매우 섬세하고, 감수성이 예민하고 남자보다 감정의 기폭이 심합니다. '깨지기 쉬운 유리잔' 같은 여린 마음이라고 합니다. 그래서 많은 이해와 사랑이 필요합니다. 여성을 남성 대하듯 하면 좋지 않은 결과가 나오는 것은 이 때문입니다. 남자는 정치와 스포츠를 좋아하지만 여성은 애정 드라마와 미에 관심이 많습니다. 남자는 큰 사랑 한번을 바라지만 여자는 자주 많은 사랑을 바랍니다. 성의 차이를 이해하고 상대방의 눈높이로 사랑하는 기술이 필요합니다.

많은 사람들이 매월 21일을 부부의 날로 지키며 음악과 커피가 있는 대화 시간을 갖습니다. 특히 5월 21일을 부부의 날로 지키는 사람들이 늘어가고 있습니다. 나이가 들어갈수록 더 성숙한 인격을 가지고 깊은 존경과 사랑으로 섬기는 아름다운 부부가 되시기 바랍니다. 인생에 눈을 뜨고 나면 역시 배우자가 최고입니다. 하나님께서 주신 짝을 깊이 사랑하시기 바랍니다.

✳ 나누어 볼까요?

1. 당신은 신혼 초보다도 더 깊은 부부 애정을 가지고 살고 있습니까?

🔵 **합심기도합시다** | 하나님 말씀에 따라 서로 존경하며 사랑하는 부부되도록

가정 경제를 튼튼히

제 21 과

말씀
데살로니가후서 3:6~18

새찬송 / 옛찬송
499, 330 / 277, 370

외울말씀
데살로니가후서 3:8

가정 경제가 무너져 정상적인 신앙생활을 할 수 없다면 하나님 영광을 가리는 것입니다. 반대로 가정 살림을 잘하여 교회에 큰 덕을 끼치면 하나님께 영광을 돌리는 것입니다. 우리 가정이 교회에 큰 덕을 끼치고 하나님 영광을 돌리기 위해서는 가정 살림을 잘 해야겠습니다. 어떻게 하면 가정 경제를 튼튼히 하겠습니까?

"누구에게서든지 음식을 값없이 먹지 않고 오직 수고하고 애써 주야로 일함은 너희 아무에게도 폐를 끼치지 아니하려 함이니"

❊ 같이 풀어봅시다

1. 경제의 기본 단위는 가정 경제, 기업(회사) 경제, 국가 경제입니다. 어느 것이 가장 중요하겠습니까?
   * 모두 중요함. 어느 한 가지도 소홀할 수 없음. 가정 경제도 회사나 국가만큼 중요함.

2. 가정 경제를 잘해야 하는 이유가 무엇입니까(8, 9절)? 어떻게 하면 가정 경제를 풍요롭게 할 수 있습니까?

3. 가정 살림을 잘못하는 이유는 무엇입니까(10~12절 참조)?
   * 규모 없이 행함(11절) : 게으름을 피우고 자기 책임을 다하지 아니함. 시간과 물질을 낭비하고 자기 몫을 감당치 아니함. 수입 규모에 비하여 지출을 규모 없이 행함. 어찌하든 남을 돕고자 하는 사상을 갖지 못하고 자기 유익만을 생각할 때 규모 없이 행하게 됨. 초대교회는 교회 공동체 생활을 하였는데 규모 없이 행하는 사람들 때문에 고통을 당했음.

4. 일반적으로 신앙생활 잘 하는 사람은 가정 살림을 잘 합니다. 그 이유는 무엇입니까?

성숙한 신앙인은 건강한 신앙생활을 합니다. 또한 가정생활이 건전합니다. 가정생활을 통하여 하나님의 은혜와 축복을 체험하며 더욱 하나님을 사랑합니다. 건전한 가정생활이란 무엇입니까? 무엇보다 신앙이 올바로 세워져서 신앙생활을 잘 하는 것일 것입니다. 하나님을 사랑하고 예수님을 잘 배우는 것입니다. 또한 윤리적으로 흠이 없이 살면서 가족들 간에 서로 사랑하는 삶일 것입니다. 그리고 경제적으로 안정되어 남에게 폐를 끼치지 아니하며 남을 돕고 사는 삶입니다.

어떤 사람들은 가정 경제를 소홀히 하여 하나님 영광을 가립니다. 늘 돈 때문에 가정불화가 잦기도 합니다. 약속을 지키지 못하여 형편없는 사람으로 평가받습니다. 자기 의무를 감당하지 못하여 손가락질을 당합니다. 이런 모습은 진실한 신자의 모습이 아닙니다.
 도리어 신자는 다른 사람들에게 모범을 보이는 세상의 빛입니다. 남에게 폐를 끼치고 사는 사람이 아니라 남을 돕고 사는 사람입니다. 하나님의 진리와 위대하심을 전해야하는 빛의 증거자입니다. 이웃에게 선한 영향력을 끼치기 위해서 가정 경제를 튼튼히 함은 매우 중요합니다. 그러면 어떻게 가정 경제를 튼튼히 할 수 있습니까?

무엇보다 남에게 폐를 끼치지 아니하고 남을 돕고 살아야겠다는 사상과 결심이 필요합니다. 사상이 분명하면 어려운 현실을 뚫고 나갈 힘을 얻게 됩니다. "주님, 은혜 받은 이 몸, 어찌하든 남을 돕고 사는 자 되기 원합니다. 남을 돕고자 합니다. 물질을 주옵소서!" 기도하고 나가면 반드시 남을 도울 길이 열립니다. 하나님께서 일할 기회를 주시면 하나님 영광을 위하여, 그리고 남을 돕기 위하여 열심히 일합니다. "일하기 싫거든 먹지도 말라"는 말씀을 기억하여 일합니다. 열심히 일하면 하나님께서 도와주십니다. 열심히 일하는 자에게 부의 축복을 주십니다. 열심히 일하면 건강도 주십니다. 열심히 일하면 좋은 사람도 만나게 하여 주십니다. 열심히 일하면 신용도 생깁니다. 그래서 일이 곧 축복이 됩니다. 그리고 저축을 하는 것은 지혜입니다. 티끌모아 태산이라는 말처럼 저축은 지혜입니다. 참으로 어렵게 폐품을 수집하여 살던 할머니가 평생 모은 500만원을 대학에 기증한 이야기와 김밥 장사를 하여 평생 모은 13억을 대학에 기증한 김밥할머니 이야기는 우리를 감동케 합니다. 합법적이고 안정적인 재테크도 현대를 살아가는 사람에게 필요한 것입니다.

내가 가정 살림을 잘 못하여 가족들에게 근심을 끼치고 신앙생활도 제대로 하지 못하게 된다면 참으로 안타까운 일이 아닐 수 없습니다. 반대로 가정 살림을 잘하여 가족을 기쁘게 하고 교회에 덕을 끼치며 남을 힘써 돕고 산다면 하나님께서 기뻐하실 것입니다. 하나님 앞에 십일조 생활 잘하고 열심히 일하여 하나님께 큰 영광 돌리시기 바랍니다.

✱ 나누어 볼까요?

1. 가정 살림 잘하는 비밀 좀 나눕시다.

● 합심기도합시다 | 가정 경제를 튼튼히 하여 하나님께 영광 돌리도록

즐거운 헌신

제 2 2 과

말씀
로마서 12:1

새찬송 / 옛찬송
323, 321 / 355, 351

외울말씀
로마서 12:1

신앙 성장을 원한다면 헌신해야 합니다. 신앙생활의 기쁨도 참된 헌신에서 나오고 신앙 열매도 헌신에서 나오고 신앙 성장도 헌신에서 나옵니다. 그러므로 즐거이 헌신하는 비결이야말로 신앙생활의 열쇠라 할 만큼 중요합니다.

"그러므로 형제들아 내가 하나님의 모든 자비하심으로 너희를 권하노니 너희 몸을 하나님의 기뻐하시는 거룩한 산 제물로 드리라, 이는 너희가 드릴 영적 예배니라"

❈ 같이 풀어봅시다

1. '그러므로'는 앞부분과 뒷부분을 연결시키는 접속사입니다. 로마서 1~11장은 감격스러운 하나님의 구원이며 12~16장은 은혜로운 삶입니다. '그러므로' 말 속에 담겨있는 뜻은 무엇일까요?
   * 그러므로 : 하나님께서 감격스러운 구원을 베풀어 주셨으므로 하나님께 기쁘게 순종하자, 주님께서 우리를 그처럼 사랑하시고 헌신하셨으므로 우리도 주님을 사랑하고 헌신하자의 뜻임.

2. "몸을 거룩한 산 제물로 드림"이란 구체적으로 무엇을 가리킵니까?
   * 산 제물. 죽은 제물과 대조되는 말임. 구약 제사에는 동물을 죽여 죽은 제물로 드렸으나 신약 은혜 속에서는 그리스도께서 자신을 제물로 바치셨으므로 신자들은 자신의 몸을 산 제물로 바치라는 말씀. 즉 몸의 헌신을 가리키는 말. 손과 발로 봉사, 입으로 찬양과 전도함과 같이 몸을 그리스도께서 사용하시도록 헌신하라는 말씀.

3. 마음으로만 믿고 몸의 헌신이 없을 때 어떤 결과가 일어납니까?
   * 은혜를 상실함. 신행 불일치로 마음이 편치 않음. 날이 갈수록 구원의 확신을 잃어감. 열매가 없음. 한 달란트 받은 자와 같은 처지가 되어버림.

4. 몸의 헌신과 영적 예배는 어떤 관계가 있습니까?
   * 예배의 핵심은 '하나님을 만남'과 '하나님께 영광돌림'임. 구약 예배는 죽은 제물을 드리며 하나님의 용서를 구하고 예배드림. 신약의 예배는 이미 그리스도 안에서 용서받고 감격하여 하나님께 자신의 몸을 제물로 바치며 하나님께 영광돌림. 이것이야말로 진정한 예배임.

신앙성장과 헌신은 깊은 관계가 있습니다. 신앙이 성장하면 하나님을 사랑합니다. 하나님을 사랑하면 하나님을 위해서 일하고 싶어 합니다. 즉 헌신하고자 하는 욕구가 생기고 헌신합니다. 헌신하면서 하나님의 깊은 사랑을 깨닫습니다. 헌신하면 열매가 맺힙니다. 열매를 보면서 다시 한 번 하나님의 사랑을 체험하고 더욱 하나님 앞에 나아갑니다. 그래서 더욱 하나님을 사랑하며 신앙이 성장하게 됩니다.

하나님의 은혜는 믿는 자에게 깊은 감동을 주며 자발적으로 사랑하며 헌신토록 만듭니다. 그래서 더욱 하나님께 나아가며 더욱 하나님을 사랑하며 순종하여 하나님의 기쁨이 됩니다. 그러므로 은혜 받은 자는 자연스럽게 하나님께 헌신하게 됩니다. 이는 마치 남녀가 서로 사랑하면 서로 주고 싶어 하고 사랑하는 이를 위하여 어떤 수고도 기쁘게 감당하는 것과 같습니다. 하나님의 은혜의 삶은 율법적인 삶과 확연히 구분됩니다. 율법적인 삶은 자기가 중심이 되어 하나님의 율법을 지켜 인정받고자 노력하는 신앙생활입니다. 그래서 어느 수준까지는 매우 열심이며 헌신적이지만 그 헌신은 멈춰버리고 맙니다. 이유는 자기 힘으로 하나님을 기쁘시게 하려하기 때문입니다. 자기중심적으로 헌신하기에 한계가 오는 것입니다. 그러나 하나님의 은혜를 붙든 사람은 그렇지 않습니다. 신앙생활을 할수록 그리스도의 깊고 오묘한 사랑에 탄복하게 됩니다. 그분의 놀라운 사랑에 감동합니다. 바울 사도같이 놀라운 신앙경지에 이른 분도 말합니다. "내가 이미 얻었다 함도 아니요 온전히 이루었다함도 아니라 오직 내가 그리스도 예수께 잡힌바 된 그것을 잡으려고 달려가노라 형제들아 나는 아직 내가 잡은 줄로 여기지 아니하고 오직 한 일 즉 뒤에 있는 것은 잊어버리고 … 달려가노라"(빌 3:12~14)

하나님의 사랑과 은혜에 감사하여 하나님께 몸의 헌신을 합니다. 전에는 남을 해치는 말만 하던 사람이 은혜를 받고 나서는 그 입으로 하나님을 찬양하며 남을 위로하고 칭찬하는 말을 하며 복음을 전합니다. 이전에는 게으름을 피우며 죄를 짓던 손을 거룩하게 사용합니다. 은혜 받고 나서는 "죽으면 썩을 몸 아끼면 무엇하랴!" 부지런히 섬기며 헌신합니다. 헌신하면서 하나님의 사랑을 깊이 깨닫습니다. 헌신하면서 죄의 모습을 벗어버리고 거룩하게 변화됩니다. 이제는 누가 시켜서가 아니라 기뻐서 헌신합니다. 주님의 사랑을 체험하며 더욱 헌신하여 놀라운 열매를 맺습니다. 한번 헌신의 비밀을 깨달으면 더욱 즐거이 헌신합니다. 그 경지에 이르면 "신앙생활의 비밀은 은혜에 감사, 그리고 헌신입니다." 라고 고백합니다.

＊ 나누어 볼까요?

1. 당신은 즐거이 헌신하고 있습니까?

2. 헌신의 열매를 맺은 체험을 말해 보시오.

● 합심기도합시다 | 교회와 가정, 직장에서 "은혜에 감격하여 즐거이 헌신하여 열매 맺도록"

즐거운 전도

제 23 과

말씀
누가복음 19:1~10

새찬송 / 옛찬송
518, 495 / 252, 271

외울말씀
누가복음 19:10

신앙성장의 비밀이 '즐거운 헌신'임을 배웠습니다. 우리 거듭난 그리스도인들이 가장 헌신해야할 분야는 예배와 전도입니다. 즐겁게 전도하면 더욱 큰 은혜를 체험합니다. 신앙이 크게 성장합니다. 우리의 모범되신 예수님은 전도에 헌신하셨습니다. 우리들도 주님을 본받아 전도에 헌신하여 신앙도 성장하고 큰 상도 받는 신자 되시기를 바랍니다.

"인자의 온 것은 잃어버린 자를 찾아 구원하려 함이니라"

✤ 같이 풀어봅시다

1. 삭개오는 어떤 사람입니까(2, 3, 7절)?
   * 세리장(오늘날 세무서 소장. 당시 세리는 정복자 로마에 충성을 다하여 자기 잇속을 챙기므로 동족들에게 미움을 받고 있었음), 부자(검은 돈으로 부자 되었음), 키가 작음(아무지고 욕심 많고 열등감 있는 사람을 연상케 함), 죄인(사람들에게 공공연히 나쁜 사람으로 낙인 찍힘)

2. 삭개오의 영혼 상태는 어떠하였습니까(3, 4절)? 예수님께로 나아가는 장애물이 무엇이었습니까?

3. 예수님께서 삭개오에게 어떻게 전도하셨습니까(5~10절)?
   * 1단계 : 관심(쳐다보시고, 군중 속에서 한 사람을 주목하심, 그 사람 처지로 나아감)
     2단계 : 대화(이름을 부름, 사랑의 대화, 사랑의 말씀, 인격적인 만남, 매우 파격적인 사랑. 그 영혼의 필요를 간파하고 채워줌. 고독을 치료해 줌. 그에게 적절한 말씀을 줌)
     3단계 : 양육(믿음을 방해하는 요소로부터 보호. 계속적인 사랑으로 돌봄, 양육)
     4단계 : 변화(양육의 목적은 변화된 새 삶. 진정한 하나님의 자녀가 되게 함)
     5단계 : 결신(확신을 갖도록 도움. 말씀을 심음. 비전 제시)

4. 전도하지 못한 이유는 무엇입니까? 전도를 잘하는 비결은 무엇입니까?

❊ 메시지

신앙성장의 비결이 헌신임을 배웠습니다. 그런데 헌신하는 방법을 몰라서 머뭇거리다가 뜨거운 마음이 식어버리는 경우도 있습니다. 그러므로 헌신하는 방법을 알 때 계속 뜨겁게 주님을 사랑할 수 있습니다. 그 길은 전도에 헌신하는 것입니다. 주님은 평생 전도자로 사셨습니다. 주님이 제자들에게 힘써 가르치는 교육은 하나님을 진정 사랑하는 것과 전도입니다. 전도는 신앙생활에 있어서 가장 가치 있는 것입니다. 그래서 주님을 진정 사랑하는 사람들은 누가 뭐라 하지 않아도 전도에 에너지를 쏟습니다.

예수님은 많은 사람들 앞에서 전도 설교도 하셨지만 개인 전도도 힘쓰셨습니다. 삭개오와 같은 고독한 영혼을 구원하셨습니다. 예수님은 먼저 한 영혼에 관심을 가지셨습니다. 여리고 마을을 지나실 때 키가 작은 사람은 볼 수 없을 정도로 많은 사람들이 길가에 가득 차 있었습니다. 예수님은 그 많은 군중 중에서도 한 영혼에게 주목하셨습니다. 고독한 삭개오를 찾아내신 것입니다. 그리고 나무에 올라가 앉아 있는 삭개오에게 다가 가셨습니다. 오늘날 얼마나 많은 사람들이 사람들과 어울리지 못하고 왕따의 설움과 우울증에 시달리고 있는지 모릅니다. 물질주의와 개인주의가 빚어낸 결과입니다. 그 고독한 영혼을 찾아내야 합니다. 그리고 사랑이 담긴 대화를 해야 합니다. 인격적인 대화가 될 때 그 영혼에 어둠은 벗어나고 빛이 비칠 수 있습니다. 예수님은 고독한 삭개오의 영적 갈급함을 간파하시고 "내가 오늘 네 집에 유하여야겠다"고 파격적인 사랑을 베풀어주셨습니다. 관심만 가져줘도 눈물이 날 지경인데 네 집에 유하겠다는 말씀에 삭개오는 감동하였습니다. 그는 이 놀라운 사랑에 감동하여 아끼던 재산을 선뜻 내놓았습니다. 사람들은 예수님의 사랑을 이해하지 못하고 삭개오를 흠집 내기 시작하였습니다. 예수님은 그를 보호하고 양육하여 그가 하나님의 자녀로 확신을 가지도록 말씀을 주셨습니다. 그도 구원받은 아브라함의 자손임을 선포하셨습니다. 그리고 잃어버린 자를 찾아 구원하는 예수님을 바라보도록 비전을 주셨습니다.

주님의 은혜 받은 자가 힘써야 할 일은 전도입니다. 영혼을 건지며 예수님의 목자의 삶을 살 때 천국을 맛보게 됩니다. 주님을 사랑하는 사람은 전도합니다. 영혼을 사랑하는 사람은 전도합니다. 교회를 사랑하는 사람은 전도합니다. 하나님 나라 건설의 비전을 가진 사람은 전도합니다. 사랑하는 성도님, 우리 전도하여 신앙이 성장하는 즐거움을 맛봅시다. 아기 울음소리가 그친 동네는 고령화된 동네입니다. 우리 교회에 새 신자가 등록하는 웃음소리 가득한 교회가 되도록 전도합시다. 아멘.

❊ 나누어 볼까요?

1. 당신은 요즘 어떻게 전도하고 있습니까?

합심기도합시다	즐거이 전도하여 교회 기쁨이 충만하도록

즐거운 봉사

제 2 4 과

말씀
골로새서 3:22~25
새찬송 / 옛찬송
313, 214 / 352, 349

외울말씀
골로새서 3:23

성숙한 신앙인은 즐겁게 봉사합니다. 즐겁게 봉사하는 삶을 살면 신앙과 인격이 성장합니다. 그러므로 교회나 직장, 가정에서 즐겁게 봉사하는 법을 몸에 익히는 것이 매우 중요합니다. 즐겁게 봉사하는 법을 배우면 인생이 즐거워집니다.

"무슨 일을 하든지 마음을 다하여 주께 하듯 하고 사람에게 하듯 하지 말라"

✳ 같이 풀어봅시다

1. 신자들은 하나님을 기쁘시게 해드리는 것을 최고의 즐거움으로 삼은 사람들입니다. 신자들은 윗사람에게 어떤 태도를 갖습니까(22절)?

2. 주님을 섬기는 신자들은 일을 할 때 어떤 자세로 일합니까(23절)? 어떤 사람들이 주님으로부터 상을 받을까요(24절)?

3. 불평만 하고 불의를 행하며 일하지 않는 자를 주님은 어떻게 대할까요(25절)? 그는 어떤 보응을 받습니까?

4. 즐겁게 일하는 비결이 무엇일까요?

하나님을 사랑하는 사람은 하나님에 대한 사랑표현으로 즐겁게 봉사합니다. 즐겁게 봉사하는 그 삶이 축복의 근원이 됩니다.

즐겁게 봉사하면 신앙이 성장합니다. 봉사하면서 하나님을 만나고 하나님의 사랑을 깨닫게 됩니다. 하나님의 사랑을 가슴에 담고 일할 때와 사랑이 없이 일할 때는 너무나 다릅니다. 하나님의 사랑을 가슴에 담고 일하면 고된 일도 즐겁고 보람이 됩니다. 그리고 일하면서 하나님의 사랑을 더욱 깊이 깨달아 가기 때문에 신앙이 성장합니다.

즐겁게 봉사하면 대인관계가 좋아집니다. 일도 중요하지만 대인관계가 더 중요합니다. 일은 잘하지만 대인관계에 실패하면 즐거운 직장생활이 될 수 없습니다. 그런데 인간관계를 좋게 해 주는 것이 즐거운 봉사입니다. 즐겁게 봉사하면 평판이 좋아지고 사람들과의 관계성이 좋아집니다. 인간관계가 좋아지면 인생이 즐거워집니다.

즐겁게 봉사하면 일의 열매가 맺힙니다. 즐거운 마음, 감사한 마음으로 봉사하면 일이 즐거울 뿐만 아니라 일이 잘 되어 열매가 맺힙니다. 어떤 사람들은 해야 될 일도 몹시 짜증을 내고 일합니다. 불평이 입에 붙어 있습니다. 그러면 될 일도 안 되는 경우가 많습니다. 저렇게 일하려면 차라리 일 안하는 것이 낫겠다는 말을 듣습니다. 그런 식으로 사는 것은 인생의 낭비입니다. 즐겁게 일하십시오. 감사한 마음으로 일하십시오. 그것이 축복입니다. 즐거운 마음으로 일하면 일 자체가 재미있고 일도 잘되어 열매를 맺게 됩니다. 칭찬을 받습니다. 하나님께 영광이 됩니다.

그런데 왜 즐거운 봉사가 안 되는 것일까요? 나 중심적인 생각과 습관 때문입니다. 내 일이 아니라 남의 일을 해 준다는 생각 때문에 즐거움이 없는 것입니다. 그런데 거듭난 하나님의 사람들은 무슨 일이든지 하나님 앞에서 일하기 때문에 그것이 하나님께서 나에게 맡겨주신 일이요 나의 일로 생각하고 일합니다. 그리고 사랑하는 주님께서 나를 충성되게 여겨서 나에게 이 일을 맡겨주셨다고 생각하기 때문에 일이 즐거워지는 것입니다. 그리고 마음에 하나님 사랑을 가지고 일하니 일이 즐거워집니다. 가정에서 식사 준비, 청소, 세탁, 정리 정돈, 설거지 일을 할 때도 주님과 함께 즐겁게 일하시기 바랍니다. 찬송을 부르며 감사함으로 일하십시오. 인생이 즐거워집니다. 직장에서 일할 때 상관의 지시를 주님의 지시로 알고 온 마음을 다해 성실하게 일하십시오. 직장생활이 달라질 것입니다. 교회에서 봉사할 때 즐거이 일하십시오. 주님께서 축복으로 맡겨주신 일인 줄 알고 즐겁게 봉사하십시오. 주님을 만나게 될 것입니다. 일하는 자세의 혁명이 인생의 혁명을 가져옵니다.

✱ 나누어 볼까요?

1. 당신은 직장, 가정, 교회에서 어떤 자세로 봉사하고 있습니까?

◉ 합심기도합시다 | 주님 모시고 즐겁게 봉사하는 삶의 비밀을 배우게 하소서!

은사를 불일 듯이

제 2 5 과

말씀
디모데전서 4:12~16

새찬송 / 옛찬송
304, 218 / 404, 369

외울말씀
디모데후서 1:6

하나님께서는 수십억 인간들의 얼굴을 각각 다르게 창조하셨습니다. 그리고 각각 다른 은사를 주셨습니다. 하나님께서 주신 재주, 은사를 잘 계발하여 즐거이 봉사하면 더욱 하나님께 영광이 되고 많은 열매를 맺게 됩니다. 즐거운 봉사를 하려면 은사를 계발하여 은사가 불타오르도록 하는 것이 중요합니다.

"그러므로 내가 나의 안수함으로 네 속에 있는 하나님의 은사를 다시 불일 듯 하게하기 위하여 너로 생각하게 하노니"

✳ 같이 풀어봅시다

1. 연소함을 업신여김 받지 않으려면 어떻게 해야 합니까(12절)?

2. 디모데가 받은 은사가 무엇이었습니까(13, 14절)?

3. 하나님께서 주신 은사를 불일 듯 하게 하려면 어떻게 해야 합니까(15, 16절, 딤후 1:6)?
   * 1) 하나님께서 나에게 은사를 주셨다는 믿음(14절).
     2) 하나님께서 나에게 주신 은사 발견 및 계발(14절. 이것저것 해 보면 발견됨, 영적 통찰력 있는 사람이 발견해 줌.)
     3) 은사가 불타오르도록 전심전력 노력해야 함(15절).
     4) 계속된 노력. 중단하지 말고 계속 불타오르도록 사용하고 더욱 노력해야 됨(16절).
     5) 주의 종의 말씀과 격려와 축복을 받아 의지적인 노력이 있어야 됨.

즐거운 봉사가 복되고 아름다운 인생길임을 배웠습니다. 그렇습니다. 하나님 마음에 모시고 하나님 은혜에 감사하면서 즐거이 봉사하는 곳에 부요함과 아름다움이 있습니다. 즐거이 봉사할 때 하나님에 대한 사랑이 불타오릅니다. 하나님에 대한 사랑이 불타오를 때 인생이 새롭게 변화됩니다. 그러므로 하나님 사랑을 가슴에 품고 즐거이 봉사함이 매우 중요합니다. 그렇다면 즐거운 헌신이 매우 중요한데 그것을 극대화 시킬 수 있는 길이 무엇입니까? 바로 그 길은 은사를 불일 듯 하는 것입니다. 어떻게 은사가 불타오르도록 할 수 있습니까?

먼저 내가 하나님으로부터 은사를 받았다는 믿음을 갖는 것이 필요합니다. 모든 인간은 다 각각 얼굴이 다르게 창조되었습니다. 마찬가지로 모든 인간은 다 각각 다른 은사를 받았습니다. 하나님께서는 심지어 믿지 않는 사람들에게도 다 각각 재주를 주셨습니다. 그런데 하물며 하나님께서 선택하신 하나님 자녀에게 어찌 은사를 주지 않으셨겠습니까? 그렇다면 하나님께서 나에게 주신 은사는 무엇일까요? 그것을 찾는 것이 중요하겠지요. 하나님께서 나에게 주신 은사를 발견하기 위해서는 기도해 보면 알 수 있습니다. 그리고 이것저것 많이 해 보십시오. 그러면 하나님께서 나에게 주신 은사가 무엇인지 알 수 있습니다. 또 나와 오랫동안 살면서 나를 지켜본 영적 통찰력을 가진 분과 상담을 통해 내가 받은 은사를 알 수 있습니다. 좋은 은사는 참 많습니다. 설교의 은사, 성경 가르치는 은사, 기도, 상담, 찬양, 교육, 전도, 구제, 섬김, 심방, 회계, 선교, 위로, 칭찬, 사랑, 기획, 병 고침, 귀신 쫓아냄, 방언, 통역, 영상, 음향, 문서, 집필, 어린이 사역, 청소년 사역, 청년 사역, 장년 사역, 노인 사역, 장애인 사역 등 헤아릴 수 없이 많습니다. 하나님께서 나에게 주신 은사를 불타오르게 하는 것이 중요합니다. 그러기 위해서는 전심전력 노력하고 연습하고 연구 개발하는 것이 필요합니다. 운동선수들이 금메달을 따기 위하여 얼마나 혼신의 힘을 기울입니까? 하나님의 영광을 위하여 나의 은사가 불타오르도록 전심전력 노력하여 나의 진보를 나타내는 것이 필요합니다. 또한 하나님의 종의 말씀과 조언, 축복을 받아 더욱 노력함이 필요합니다.

하나님께서 당신에게 주신 은사 불타오르도록 하여 하나님께 큰 영광돌리시기 바랍니다. 그리고 인생을 사는 보람을 찾으시기 바랍니다.

✽ 나누어 볼까요?

1. 당신의 은사는 무엇입니까?

2. 그 은사를 현재 어떻게 사용하고 있습니까?

> 🔵 합심기도합시다 　하나님의 은사를 불타오르게 하여 교회 부흥에 크게 쓰임 받게 하소서!

베푸는 삶

제 2 6 과

말씀
누가복음 6:38

새찬송 / 옛찬송
305, 449 / 405, 377

외울말씀
누가복음 6:38

예수님께서는 베푸는 삶을 가르쳐 주셨습니다. 베푸는 삶 속에 하나님께 영광 돌리는 길이 있고 아름다운 인생의 길이 있기 때문입니다. 하나님께 헌신하는 삶은 곧 다른 사람에게 헌신하는 삶입니다. 다른 사람에게 헌신의 가장 기본은 베푸는 삶입니다. 주님께서 가르쳐 주시는 베푸는 삶을 잘 배워 인생의 부요함을 누리시기 바랍니다.

"주라 그리하면 너희에게 줄 것이니 곧 후히 되어 누르고 흔들어 넘치도록 하여 너희에게 안겨 주리라 너희의 헤아리는 그 헤아림으로 너희도 헤아림을 도로 받을 것이니라"

✲ 같이 풀어봅시다

1. 예수님의 사랑을 받고 구원받은 삭개오가 결심한 바가 무엇이었습니까(눅 19:8)? 지독한 구두쇠인 그가 그렇게 변화된 이유는 무엇입니까?

2. 베푸는 삶은 어떤 축복을 가져옵니까?

3. 예수님께서 인간은 상대적 존재임을 가르쳐 주신 까닭은 무엇일까요?

4. 베푸는 삶이 인생을 부요케 함에도 불구하고 그렇게 살지 못한 이유는 무엇일까요?

예수님께서는 여러 번 베푸는 삶을 가르쳐 주셨습니다. "주라, 그러면 너희에게 줄 것이니"(눅 6:38), "주는 것이 받는 것보다 복이 있다"(행 20:35), "또 너를 고발하여 속옷을 가지고자 하는 자에게 겉옷까지도 가지게 하며"(마 5:40) "네게 구하는 자에게 주며 네게 꾸고자 하는 자에게 거절하지 말라"(마 5:42) "그러므로 무엇이든지 남에게 대접을 받고자 하는 대로 너희도 남을 대접하라 이것이 율법이요 선지자니라"(마 7:12)

예수님께서 왜 그렇게 '주는 삶' '베푸는 삶'을 강조하셨을까요? 그 '주는 삶' 속에 하나님께 영광 돌리는 길이 있고 인간이 부요해지며 행복해 지는 길이 있기 때문입니다. 그런데 왜 사람들은 그 좋은 '베푸는 삶'을 살지 못할 까요? 욕심 때문입니다. 욕심은 사람의 눈을 멀게 하고 근시안에 되게 만듭니다. 자기 밖에 모르는 흉측한 사람이 되게 만듭니다. 그 욕심 때문에 인간은 항상 불행하며 초라한 삶을 사는 것입니다. 그런데 은혜 받은 사람은 삭개오처럼 어느 날 '깨달음'을 받습니다. "아, 나를 불행에 빠뜨리는 것이 바로 내 욕심이었구나!" "내 인생을 이처럼 초라하고 거지 같이 살게 하는 것이 바로 오그라 들은 나의 손, 나의 욕심이구나!" "그래 주님 말씀이 옳아, 주자, 베풀자, 마음껏 베풀자!" 베푸는 삶을 시작한 그때부터 아름다운 인생, 복된 인생은 시작 됩니다.

예수님은 베푸는 삶을 가르치시면서 인간은 상대적 존재임을 가르쳐 주셨습니다. 인간은 대접을 받은 대로 남을 대접하는 상대적 존재입니다. 헤아림을 받은 대로 남을 헤아리는 존재입니다. 이 상대성을 깨닫는다면 먼저 베푸는 것이 중요합니다. 먼저 베풀면 반드시 그만큼 돌아옵니다. 아니 더 후하게 돌아옵니다. 인생은 주고받으면서 자기 존재 가치를 발견합니다. 받은 때도 기쁘지만 주는 때는 더 기쁩니다. 예수님은 주는 것이 받는 것보다 더 복이 있다고 말씀하셨습니다.

받기만을 바라고 남을 원망하는 것은 초라하고 안타까운 모습입니다. 줄 것 없어도 주님 주신 은혜 감사하면서 작은 것부터 나눠주는 삶을 살 때 삶이 부요해지고 풍성해지며 아름다워 집니다. 사랑하는 성도님! 우리 주님 말씀 가슴에 새기고 베푸는 삶을 시작합시다. 처음에는 아주 작은 것부터 시작합시다. "오, 주님! 이제 저도 주님을 본받아 베푸는 인생이 되었습니다. 베푸는 삶을 시작합니다. 감사합니다."

✻ 나누어 볼까요?

1. 당신은 받기를 좋아합니까? 베풀기를 더 좋아합니까?

합심기도합시다	많이 베풀어서 많이 받는 복된 인생 되게 하소서!

하나님 중심의 사고

제 2 7 과

말씀
로마서 8:5~8

새찬송 / 옛찬송
499, 534 / 277, 324

외울말씀
로마서 8:6

신앙 성장에 있어 가장 중요한 것이 생각입니다. 하나님께서 기뻐하시는 생각을 하는 사람은 잘 성장합니다. 그런데 생각이 신앙적이지 못한 사람은 성장을 못합니다. 자기중심적 사고를 벗어나지 못한 사람은 하나님의 은혜를 받고서도 은혜를 누리지 못합니다. 하나님 중심의 사고를 할 줄 알아야 은혜를 누릴 수 있습니다.

"육신의 생각은 사망이요, 영의 생각은 생명과 평안이니라"

❈ 같이 풀어봅시다

1. '육신을 따르는 자'와 '영을 따르는 자'란 어떤 사람입니까? 그들은 각각 어떤 생각을 합니까(5절)?
   * 육신을 따르는 자(5절) : 로마서에서 육신(flesh)은 타락한 본성을 가리킵니다. 하나님을 떠나 죄 속에 있는 인간은 죄의 욕구가 육체의 욕망과 결합되어 나타나기 때문에 타락한 본성을 육신이라 부릅니다. 육신을 따르는 자의 가장 큰 특징은 자기중심성입니다. 그러므로 육신을 따르는 자는 자기중심적(self-centered)으로 생각하며 살아가는 사람입니다.
   * 영을 따르는 자(5절) : 성령을 받아 그리스도를 믿고 거듭난 사람을 가리킵니다. 성령의 인도하심을 받는 자는 하나님 중심적(God-centered)으로 살아가는 사람입니다.

2. '육신의 일'과 '영의 일'이란 무엇입니까(5절; 갈 5:19~23)?

3. '육신의 생각'과 '영의 생각'의 결과는 무엇입니까(6~8절)?

4. 신앙성장에 있어 하나님 중심적 사고가 얼마나 중요합니까?

신앙성장에 있어 매우 중요한 것은 사고방식입니다. 거듭났음에 불구하고 신앙성장하지 못한 사람들의 대부분의 이유는 '사고방식' 때문입니다. 거듭났음에도 불구하고 옛사람의 사고방식 즉 자기중심적 사고방식으로 생각하고 살면 하나님의 은혜를 누리지 못할 뿐만 아니라 거듭나지 못한 사람과 같은 삶을 벗어나지 못합니다. 날마다 매 순간마다 하나님을 만나는 사람은 성장할 수밖에 없습니다. 그런데 하나님을 전혀 만나지 못한 사람은 거듭나지 못한 사람들처럼 영적 답답함을 벗어날 수가 없습니다.

하나님을 만나려면 생각이 열려야 합니다. 하나님 중심적(God-centered) 사고방식을 가지고 생각할 줄 알아야 합니다. 내 삶 속에 들어와 활동하고 계신 하나님을 볼 수 있어야 됩니다. 그런데 영적으로 꽉 막힌 사람은 하나님의 손길을 보지 못합니다. 하나님의 음성을 듣지 못합니다. 하나님께서 축복해 주셔도 재수가 좋아 된 것뿐으로 생각하기 때문에 은혜를 받지 못합니다. 하나님께서 사랑해 주셔도 우연히 재수 좋은 일이 생겼을 뿐이라 생각해 버립니다. 하나님께서 멸망 길로 가는 것을 막으려고 징벌을 내리셔도 재수가 나쁜 것으로 생각해 버리고 회개하지 아니합니다. 하나님께서 동행해 주셔도 전혀 깨닫지를 못합니다. 하나님의 축복을 받아도 감사할 줄 모르고 자기영광을 돌려 버립니다. 자기중심적으로 생각합니다. 이런 식으로 살고 있으니 하나님의 은혜를 전혀 누리지를 못합니다. 어떤 사람은 조금은 하나님 중심적으로 생각하지만 대부분은 자기중심적으로 생각합니다. 그 사람은 하나님의 은혜를 극히 부분적으로만 느낄 수밖에 없습니다. 신앙성장을 원한다면 생각이 바뀌어야 합니다. 생각이 확 바뀌어야 됩니다. 하나님 중심적으로 생각해야 됩니다. 모든 일을 하나님의 눈으로 바라보고 하나님의 손길을 예리하게 볼 줄 알아야 합니다.

사고방식과 함께 생각의 내용이 중요합니다. 내 생각을 지배하는 것이 무엇이냐에 따라 내 인생이 그와 같이 결정됩니다. 하루 종일 음란한 생각을 하며 죄 지을 생각만 하는 사람은 결국 죄를 짓게 됩니다. 그래서 멸망 길로 걸어가게 됩니다. 그러나 하루 종일 예수님 생각을 하며 주님이 기뻐하실 것을 깊이 생각하는 사람은 은혜 충만한 삶을 삽니다. 그래서 생명과 평안을 얻습니다.

거듭난 그리스도인이여! 하나님 중심적인 사고방식을 배우시기 바랍니다. 몸에 익히시기를 바랍니다. 인격적 존재이신 하나님을 인격적으로 만나시기를 바랍니다. 모든 사물을 하나님 눈으로 바라보시기 바랍니다. 주님께서 기뻐하시는 영의 일을 생각하시기 바랍니다. "이 티끌 같은 미미한 존재가 천지를 창조하신 위대하신 하나님을 모시고 사는도다!" 주님께서 주시는 놀라운 은혜를 충만히 누리시기를 바랍니다.

✳ 나누어 볼까요?

1. 당신은 요즘 무슨 생각을 하면서 살고 있습니까?

합심기도합시다　생각이 신앙적으로 바뀌어 하나님의 기쁨이 되도록

즐거운 순종

제 2 8 과

말씀
로마서 6:15-23

새찬송 / 옛찬송
313, 321 / 352, 351

외울말씀
로마서 6:16

"믿음과 순종은 한 동전의 양면"이라는 말처럼 믿음은 곧 순종입니다. 진정한 신앙성장에는 마음을 다한 순종이 뒤따릅니다. 신앙성장하지 못한 이유는 불순종 때문입니다. 진실로 주님께 순종해 보십시오. 믿음이 금방 달라질 것입니다.

"너희 자신을 종으로 내주어 누구에게 순종하든지 그 순종함을 받는 자의 종이 되는 줄을 너희가 알지 못하느냐 혹은 죄의 종으로 사망에 이르고 혹은 순종의 종으로 의에 이르느니라"

✳ 같이 풀어봅시다

1. 사람은 누군가에 순종하도록 되어 있습니다. 하나님께 순종하면 하나님의 자녀로 거룩하게 되고 사탄에게 순종하면 죄의 자식이 됩니다. 죄에 순종하면 어떻게 되며 그리스도께 순종하면 어떻게 됩니까(16절)?

2. 사람이 죄 속에 사는 죄의 종에서 어떻게 죄로부터 해방되었습니까(17, 18절)?

3. 사람이 지체(손, 발, 입 등)를 의(주님)에 종으로 드려 순종하면 어떻게 됩니까 (19~23절)?

4. 성화(거룩하게 변화됨)와 순종과는 어떤 관계에 있습니까? 사람들이 신앙성장하지 못한 이유는 무엇이며 진정 아름답게 성장하는 비결은 무엇이라 생각하십니까?

어떤 사람은 신앙생활 한 지 얼마 되지 않았는데 놀랍게 변화된 것을 봅니다. 기쁨이 충만합니다. 교회에서 즐겁게 봉사합니다. 가정에서 가족들을 사랑으로 섬깁니다. 직장에서 일찍 출근하며 열심히 일합니다. 아주 진지하면서도 신령한 기쁨이 가득 찬 모습입니다. 놀랍게 달라져 그의 과거를 아는 사람들은 칭찬을 합니다. "와, 저렇게 달라질 수가?" 그런데 또 다른 사람은 신앙생활 한 지 오래 되었습니다. 그런데 신앙 생활하는 재미가 없습니다. 답답합니다. 왜 남들은 저렇게 변화되고 성장하고 달라지는 데 나는 항상 이 모양인가? 고민도 해봅니다. 괴롭기만 하지 통 달라지는 것이 없습니다. 뭔가 내가 달라져야겠다고 노력해 보지만 항상 그 모습 그대로입니다. "주님 제 문제의 근본 원인이 무엇입니까?"

대개 이런 경우 신앙이 죽어 있습니다. 마음에 예수님 사랑과 은혜에 대한 깊은 감사가 없습니다. 아니 옛날 한 때는 감사가 있었습니다. 그런데 왜 지금은 그것이 없습니까? 순종이 없기 때문에 죽은 믿음이 되고 말았습니다. 외양간에서 나온 송아지처럼 기뻐 뛰며 신앙 생활하는 그 사람을 자세히 관찰해 보십시오. 순종이 있습니다. 목사님 광고하신대로 성경을 열심히 읽고 있습니다. 새벽기도를 열심히 하고 있습니다. 자기 직분을 충성스럽게 감당하고 있습니다. 사람을 사랑합니다. 열심히 전도합니다. 그는 옛 생활을 청산하고 주님께 매우 감사하면서 열심히 순종하고 있습니다. 그의 변화된 삶의 원동력은 믿음과 순종입니다. 그는 진실로 주님의 은혜를 믿고 있으며 구체적으로 순종하고 있습니다. 그는 진실하게 주님을 믿고 주님께 순종하고 있습니다. 그런데 변화되지 않는 그 사람을 가만히 관찰해 보면 상당히 열심히 하는 것 같은데 기쁨이 없습니다. 주님으로 인한 감사보다는 자기 성실로 일합니다. 체면 때문에 봉사하는 경우가 많습니다. 주님과의 관계에 문제가 있습니다. 주님과 깊은 생명의 관계가 부족합니다. 아직도 자기가 왕이며 주님은 필요에 따라 찾는 관계입니다. 고집을 피우면 아무도 그 고집을 꺾을 수가 없습니다. 사람들의 권면도 소용없습니다. 목사님의 진심어린 충고도 먹혀 들어가지 않습니다. 아마 예수님이 오셔서 말씀하셔야 고집을 꺾을지 모릅니다. 주님을 절대자로 섬기지 못합니다. 그래서 가슴을 감동하는 절대적인 기쁨이 없는 것입니다. 진실로 주님의 사랑에 감동하여 눈물로 감사하며 내 자신을 주님께 바쳐드리지 못한 것입니다. 순종이 없습니다. 그의 믿음이 부러진 상다리 같이 힘없는 믿음이 된 이유는 구체적인 순종이 없는 것입니다.

진정한 신앙성장은 산 믿음과 구체적인 순종입니다. 순종이 있을 때 변화가 됩니다. 자신을 쳐 복종시켜 주님께 온전히 순종해 보십시오. 놀라운 일들이 일어날 것입니다.

※ 나누어 볼까요?

1. 당신은 주님을 절대적으로 신뢰하며 순종하고 있습니까?

2. 그 구체적인 증거는 무엇입니까?

합심기도합시다	산 믿음과 구체적 순종의 삶을 통하여 변화된 새사람 되도록

하나님께 맡기는 삶

말씀
베드로전서 5:5~7

새찬송 / 옛찬송
449, 382 / 377, 432

외울말씀
베드로전서 5:7

세상의 온갖 근심걱정 보따리를 홀로 다 짊어지고 사는 것 같이 걱정하며 사는 사람을 봅니다. 신앙인 가운데도 그런 사람을 더러 봅니다. 근심 걱정거리가 없으면 도리어 불안해합니다. 그래서 여기저기서 걱정거리를 만들어 걱정합니다. 하나님 모신 사람이 늘 근심걱정에 시달리는 것은 잘못입니다. 당신의 문제를 하나님께 맡기십시오.

"너희 염려를 다 주께 맡기라 이는 그가 너희를 돌보심이라"

❋ 같이 풀어봅시다

1. 본문에서 장로는 목회하는 장로 곧 목사님을 가리키고 '젊은 자들'은 일반 성도를 가리키고 있습니다. '젊은 자들'이 특별히 갖춰야할 미덕이 무엇입니까(5절)? 겸손과 순종, 겸손과 은혜에는 무슨 관계가 있습니까?

2. 겸손의 미덕을 갖춘 자들에게 무슨 축복이 주어집니까(5, 6절)?

3. 하나님은 어떤 분이십니까(5, 6절)?

4. 교만한 자를 대적해 주시는 하나님, 겸손한 자에게 은혜를 주시는 하나님, 능하신 하나님, 때가 되면 높여주시는 하나님을 믿는 자는 염려되는 일들을 어떻게 해야 합니까(7절)?

호박, 오이, 고추, 배추, 무 등 채소 농사를 짓는 사람들이 걱정하는 것은 벌레입니다. 잘 자라는 호박의 잎을 갉아먹는 벌레를 보면 화가 납니다. 그래서 벌레를 잡아 죽입니다. 농약으로 벌레를 퇴치하여 채소가 잘 자라게 합니다. 우리 그리스도인들의 가슴 속의 평화와 감사, 은혜와 기쁨을 갉아먹는 벌레는 무엇입니까? 이 세상의 근심걱정입니다. 그 근심걱정거리가 생기면 감사가 사라지고 마음이 어두워집니다. 그 좋던 은혜를 사탄에게 다 빼앗겨 버립니다. 은혜 빈털터리가 되어 근심걱정에 짓눌려 얼굴에 검은 그림자가 드리웁니다. 근심걱정 가득하여 일이 손에 잡히지 아니합니다. 아무 일도 하지 못합니다. 내 인생이 하나님의 인도하심을 받는 것이 아니라 근심걱정거리에 끌려 다닙니다. 그러면 근심걱정 되는 일들을 어떻게 해야 합니까?

"너희 염려를 다 주께 맡기라"
하나님을 믿지 못하여 염려를 맡기지 못합니다. 문제를 내가 해결해야지 어떻게 황송스럽게 이런 일을 하나님께 맡겨 드릴 수 있는가? 죄송해서 못 맡깁니다. 하나님께 맡긴다는 것이 꼭 무책임한 것처럼 느껴집니다. 남에게 책임전가 하는 것처럼 느껴져서 못 맡깁니다. 솔직히 맡기고 싶어도 어떻게 맡겨야 되는지 몰라서 못 맡깁니다. 그러면 어떻게 우리의 근심걱정거리를 하나님께 맡깁니까?

먼저 근심걱정거리보다 하나님을 더 생각하시기 바랍니다. 내 마음을 하나님께서 다스리도록 하나님께 양도해 드려야 됩니다. 그런데 염려가 내 마음을 지배해 버리고 말았다면 이것은 잘못된 것입니다. 신자는 어느 순간에도 하나님께서 내 마음을 통치하시도록 내 마음을 하나님께 드려야 됩니다. 그리고 하나님께 그 염려되는 일을 가지고 기도합니다. 겸손히 하나님께 의지하며 기도합니다. 하나님께 상의 드립니다. 하나님께서 해결해 주시도록 겸손히 간구합니다. 하나님께 지혜를 간구합니다. 하나님 눈으로 그 문제를 바라봅니다. 하나님께서 해결해 주실 것을 믿고 그 문제에 접근합니다. 염려를 주께 맡긴다는 것은 하나님을 믿고 염려에 사로잡히지 않고 내 할 일을 꾸준히 감당하는 것입니다. 근심거리가 생겨 나의 모든 삶이 올 스톱 된다면 사탄의 계략에 걸려든 것입니다. 사탄이 노리는 것이 바로 그것입니다. 신자의 삶을 마비시켜버리고 은혜를 몽땅 뺏어버리는 것입니다. 그래서 처절한 인간으로 만들어 버리는 것입니다. 사탄의 계획대로 진행되게 해서는 안 됩니다. 아무리 태산 같은 걱정거리가 앞을 가로막고 있다할지라도 하나님 앞에서 내 할 일을 묵묵히 감당하며 하나님의 도우심을 기다려야 됩니다. 바로 그것이 하나님께 염려를 맡기는 것입니다.

겸손, 순종, 은혜, 하나님께 맡김이 서로 연결되어 있습니다. 하나님의 은혜를 뺏기지 마시고 겸손히 하나님께 순종하며 염려를 하나님께 맡기고 찬송을 부르며 은혜의 삶을 사시기 바랍니다.

※ 나누어 볼까요?

1. 당신을 괴롭히는 일이 무엇입니까?

2. 그것을 어떻게 해결 할 수 있습니까?

🔵 합심기도합시다 　염려에 사로잡히지 않고 기도로 극복하도록

역경을 이기는 믿음

제 3 0 과

말씀
창세기 39:19~23
새찬송 / 옛찬송
438, 445 / 495, 502

외울말씀
창세기 39:21

많은 사람들이 인생에서 고난만 없으면 좋겠다는 말을 합니다. 신앙 생활에 역풍이 불지 않고 순풍만 불었으면 좋겠다고 말합니다. 하나님께서 그것을 모르실리 없는데 왜 사랑하는 자녀들에게 역경을 허락하실까요? 그 역경 속에서 강한 믿음과 정금 같은 인격이 연단되기 때문입니다.

"여호와께서 요셉과 함께 하시고 그에게 인자를 더하사 간수장에게 은혜를 받게 하시매"

✲ 같이 풀어봅시다

1. 요셉이 왜 감옥에 갇히게 되었습니까(20절)?

   *요셉이 감옥에 갇힌 이유 : 죄가 있어서가 아님. 억울하게 누명을 쓰고 갇힌 것임. 요셉은 이복형들의 미움을 받아 애굽에 노예로 팔려왔음. 슬픔을 딛고 11년 동안 충성스럽게 일을 하였는데 주인인 보디발의 아내의 성적 유혹을 뿌리치는 사건을 당하여 억울하게 누명을 쓰고 감옥에 갇힌 것임.

2. 요셉이 슬픔과 분노, 억울함과 복수심을 극복할 수 있었던 것은 무엇이었습니까(21절)?

3. 요셉이 감옥 간수에게 어느 정도 신임을 받았습니까(22, 23절)?

4. 요셉 인생의 비밀은 무엇입니까?

인생 항로에 순풍만 불면 좋으련만 역풍, 광풍, 태풍이 불기도 합니다. 역경을 만나면 참으로 괴롭습니다. 큰 고통을 당합니다. 심한 경우는 살 의욕을 상실하기도 합니다. 미치기도 하고 알콜 중독자가 되기도 하고 될 대로 되라는 식으로 인생을 포기하는 사람들도 있습니다. 역경은 불신자만 겪는 것이 아니라 신자들도 겪는 것입니다. 왜 전능하신 하나님께서 사랑하는 자녀들에게 역경을 허락하실까요? "주께서 그 사랑하시는 자를 징계하시고 그가 받아들이시는 아들마다 채찍질하심이라"(히 12:6) "무릇 징계가 당시에는 즐거워 보이지 않고 슬퍼 보이나 후에 그로 말미암아 연단받는자 들은 의와 평강의 열매를 맺느니라"(히 12:11)

이 말씀들을 묵상해 볼 때 신자에게 고난을 허락하신 이유는 사랑하는 자녀들에게 영적 유익을 주기 위함입니다. 더 강한 믿음을 가져 더 큰 축복을 받게 하심, 정금 같은 귀한 인격을 갖추도록 연단하심, 하나님의 깊은 사랑을 체험토록하심 등 사랑하는 자녀들에게 큰 영적 유익을 주기 위하여 잠시 고난을 허락하시는 것입니다.

요셉은 어떻게 역경을 극복했습니까?
하나님께서 도와주셔서 역경을 극복하였습니다. 하나님께서 요셉의 마음을 달래주셨습니다. 하나님께서 간수장의 마음을 누그러트려 요셉을 잘 대해 주도록 섭리하셨습니다. 요셉은 하나님의 은혜를 붙잡고 슬픔과 분노를 이겨냈습니다. 억울하고 분해서 미칠 것 같았지만 하나님의 은혜를 붙잡고 고통을 참고 하나님의 처분을 기다렸습니다. 하나님께 원수 갚는 것을 맡겨버리고 하나님 앞에서 자기 할 일을 열심히 감당하는 것이었습니다.

요셉은 하나님의 왕이심, 즉 하나님의 절대주권을 영접하고 절망적인 순간에도 하나님을 의지하며 하나님께 자기 인생을 맡겼습니다. 하나님에 대한 절대 신앙이 역경을 이기게 만들었습니다. 그의 믿음이 감옥에서도 왕자처럼 참자유인으로 살게 하였습니다. 그는 고난에 마음을 빼앗기지 않았습니다. 그도 슬픔과 분노, 억울함과 복수심이 생겨났겠지만 그것에 지배당하지 아니하고 하나님의 통치를 받았습니다. 하나님의 은혜를 붙잡는 신앙이 역경을 이기게 만듭니다. 그래서 감옥에서도 하나님의 은혜에 가득 찬 생활을 할 수 있었습니다. 하나님 면전에서 사는 '면전 신앙'이 역경을 이기게 만듭니다. 그래서 사나운 감옥 간수가 전적으로 신뢰할 정도로 성실한 삶을 살게 된 것입니다.

믿음으로 살면 역경이 은총으로 바뀝니다. 산 믿음으로 역경을 이기시기 바랍니다.

✳ 나누어 볼까요?

1. 당신은 역경이 은총으로 바뀌는 은혜를 체험했습니까?

⬤ **합심기도합시다** | 역경 속에서도 믿음으로 살도록

믿음의 모범, 아브람

제 3 1 과

말씀
창세기 12:1~4

새찬송 / 옛찬송
393, 545 / 447, 344

외울말씀
창세기 12:4

교육에는 약간 강제적 요소가 있어야 효과적으로 교육할 수 있습니다. 그런데 신앙은 강요할 수 없는 것입니다. 그렇다면 어떻게 신앙 성장하도록 도울 수 있습니까? 사람을 감동시킴으로 가능합니다. 어떻게 사람을 감동시킬수 있습니까? 감동인 사랑과 모범으로 가능합니다. 믿음의 모범은 아브람에게서 찾을 수 있습니다.

"이에 아브람이 여호와의 말씀을 따라갔고 롯도 그와 함께 갔으며 아브람이 하란을 떠날 때에 그 나이 칠십오세 였더라"

✳ 같이 풀어봅시다

1. 하나님의 부르심에는 명령과 약속이 있습니다. 하나님께서 아브람에게 주신 명령은 무엇입니까(1절)?
   * 본토 친척 아비 집 : 갈대아 지방 우르(창 15:7, 느 9:7). 그곳은 우상을 숭배하는 죄악의 땅이었음(수 24:2,3).
   * 떠나 … 가라 : 인간적으로 보면 정들었고 삶의 기반이 닦여진 고향이어서 떠나기가 힘들었을 것임. 떠난다는 것은 분리임. 죄악의 땅에서 분리하여 하나님 계신 땅으로 나오라는 것임.
   * 지시할 땅 : 가나안 땅(창 11:31). 그러나 구체적인 곳이 밝혀지지 않았음(히 11:8).

2. 하나님께서 아브람에게 주신 약속은 무엇이었습니까(2, 3절)?
   * 큰 민족 : 자식이 없었던 아브람으로서는 희망찬 약속이었음.
   * 복 : 인간 노력의 산물이 아닌 하나님의 호의로 베풀어진 선물. 복의 근원은 많은 사람들에게 복을 주는 민족의 조상, 메시아의 조상이란 뜻임.
   * 열방의 축복 : 땅의 모든 족속이 아브람을 통해 복을 얻을 것. 이는 아브람 후손으로 오신 메시아를 통해 구원의 복이 땅의 모든 족속에게 임하리라는 약속.

3. 아브람이 어떤 믿음의 모범을 보였습니까(4절)?
   * 말씀에 순종 : 참된 신앙은 하나님의 계시에 인간의 응답(순종)임. 아브람이 선뜻 순종하기 어려운 점이 많았음. 재산처분, 정들었던 인간관계 청산, 늙은 나이에 미지의 땅으로 출발함, 늙은 나이에 자기주장을 버리고 하나님 말씀에 온전히 순종, 하나님 약속이 정말 이루어 질 것인가에 대한 염려. 그 모든 것을 다 물리치고 말씀에 순종함.

성인들을 교육하기란 참으로 어렵습니다. 자기 사상과 인격이 이미 형성되어 있고 굳어져 있기 때문입니다. 그래서 교회에 다니면서도 복된 하나님 말씀을 받아들이지 못하는 사람들을 많이 봅니다. 하나님 말씀에 순종하지 못하므로 변화되지 못합니다. 그렇다면 성인이 되어 신앙생활한 사람은 도무지 변화될 수 없단 말입니까? 성인이 되어 신앙생활한 사람이 진실한 그리스도인이 된다는 것은 꿈도 꿀 수 없단 말입니까? 보통의 경우는 어려운 것이 사실입니다. 그러나 하나님의 은혜로 안 되는 것이 어디 있겠습니까? 가까운 사람 중에 훌륭한 모범을 보여주는 사람이 있으면 변화됩니다. 나이 늙어 신앙생활 시작하였으나 훌륭한 신앙인으로 성장한 사람은 바로 아브람입니다.

참 신앙인의 모범을 보여준 아브람을 잘 배워 훌륭한 신앙인으로 성장하시기 바랍니다. 아브람의 신앙 출발을 살펴보면 몇 가지 특징이 있습니다.

그는 하나님 약속의 말씀을 믿었습니다. 하나님의 말씀을 농담으로 여기지 않았습니다. 다른 사람들이 어떤 태도를 취하든지 그것에 아랑곳 하지 않고 하나님의 말씀을 믿었습니다. 하나님 말씀을 겉으로는 믿는 체 하면서 속으로는 불신하지 않았습니다. 진실로 하나님의 말씀을 액면 그대로 믿었습니다. 하나님의 권위와 신실하심을 믿었습니다. 세상의 소리보다 하나님의 말씀에 귀 기울이고 하나님 말씀을 믿은 아브람은 모든 신앙인의 귀감이 됩니다. 당신은 진실로 하나님의 말씀을 믿습니까? 믿으시기 바랍니다. 믿는 그 순간부터 인생은 달라지기 시작합니다.

아브람은 하나님의 말씀에 순종하였습니다. 믿음과 순종은 한 동전의 양면과 같습니다. 하나님 말씀을 믿고 곧 순종하였습니다. 하나님 말씀에 순종해야 그 말씀이 내 삶 속에 들어와 역사하는 것입니다. 말씀을 알고 있으나 순종이 없으면 말씀의 혜택을 받지 못합니다. 순종이 없는 신앙은 죽은 것입니다. 어떤 사람은 신앙생활을 10년 넘게 하였지만 변화되지 못하였습니다. 이유는 간단합니다. 순종이 없는 것이었습니다. 반대로 어떤 사람은 신앙생활한지 3년밖에 안 되었지만 놀랍게 변화되었습니다. 이유는 간단합니다. 그는 진실로 말씀에 순종하는 것이었습니다. 자, 이제 쓸데없는 고민하지 말고 어린 아이와 같은 순수한 마음으로 말씀에 순종하여 큰 은혜 받으시기 바랍니다.

＊ 나누어 볼까요?

1. 당신이 존경하는 믿음의 모범은 누구입니까?

2. 당신은 주위 사람들에게 어떤 믿음의 모범을 보이고 있습니까?

합심기도합시다	믿음의 모범을 보이는 순종의 사람이 되도록

하나님을 벗 삼는 신앙

말씀
창세기 13:8~18

새찬송 / 옛찬송
95, 83 / 82, 83

외울말씀
창세기 13:14

아브람의 신앙은 4단계를 거쳐 성장합니다. ① 세상에서 하나님께로 분리(12장) ② 세속주의 신앙에서 하나님 중심의 신앙으로 분리(13장) ③ 인본주의 신앙에서 하나님 중심 신앙으로의 분리(21장) ④ 하나님 축복에서 하나님 자신에로의 분리(22장) 신앙 생활할 때 세속주의를 극복하면 신앙의 새로운 세계가 열립니다.

"롯이 아브람을 떠난 후에 여호와께서 아브람에게 이르시되 너는 눈을 들어 너 있는 곳에서 북쪽과 남쪽 그리고 동쪽과 서쪽을 바라보라"

✴ 같이 풀어봅시다

1. 아브람이 왜 애굽에 내려갔습니까(12:10)? 거기서 무슨 어려움을 당했습니까 (12:18, 19)? 그 사건을 통하여 아브람은 무슨 교훈을 얻었을까요?
   * 기근 : 경제적 어려움으로 애굽으로 내려감. 아내로 인한 생명의 위험을 느껴 거짓말했다가 아내를 잃을 뻔 함.
   * 물질보다 중요한 것은 사람이며 사람보다 하나님을 더 사랑해야 함을 뼈저리게 깨달음.

2. 아브람과 롯 사이에 무슨 문제가 생겼습니까(13:6, 7)?
   * 경제적 이권 다툼이 벌어짐.

3. 아브람은 이 문제를 어떻게 해결하고자 했습니까(8, 9절)? 롯은 어떤 반응을 보였습니까(10~12절)? 그때 아브람 심정이 어떠했을까요?

4. 고통 중에 있는 아브람을 하나님께서 어떻게 도우셨습니까(14~17절)? 아브람의 반응은 어떠했습니까(18절)?
   * 하나님께서는 ① 눈을 들도록(문제를 벗어나 시야를 넓히도록, 하나님을 바라보며 하나님 중심의 관점에서 생각하도록) ② 약속의 말씀을 붙들도록(말씀 진리를 붙들고 문제를 해결하도록, 약속의 말씀에 대한 깊은 확신을 갖도록) ③ 손발을 움직여 행동하도록 도우심.
   * '헤브론'은 '교제(fellowship)'란 뜻.

5. 아브람과 롯은 각각 무엇을 벗 삼고 있습니까? 왜 하나님께서는 아브람과 롯의 이별을 허락하셨을까요?

하나님께서는 우상숭배로 멸망해 가는 세상 속에서 아브람을 불러내셨습니다. 타락한 세상에서 떠나 하나님 품으로 나오도록 도우셨습니다. 그 다음 단계는 세속주의 신앙에서 벗어나 하나님 중심의 신앙으로 나오도록 도우셨습니다.

하나님을 믿는다고 하면서 세속주의에 물들어 있으면 불신 세계에 머물러 있는 것과 비슷합니다. 롯이 그러하였습니다. 롯은 분명 하나님을 믿는 사람이었습니다. 숙부인 아브람과 함께 하나님의 뜻을 좇아 멀리 가나안 땅까지 따라온 사람입니다. 그도 단을 쌓고 여호와의 이름을 부르며 신앙생활하고 있었습니다. 그런데 그의 중심에는 '세상'이 자리 잡고 있었습니다. 그의 가치관은 '하나님의 말씀' '신앙'이 아니라 '돈' '출세' '쾌락'을 좇는 세속주의였습니다. 하나님도 믿지만 세상 즐거움도 버릴 수가 없었습니다. 그래서 그는 소돔 땅을 택하였고 그곳에 가서 살았습니다. 소돔과 고모라의 향락문화에 물들어 가고 있었습니다. 하나님 한 분 만으로 만족하는 아브람을 답답하다고 생각했는지 모릅니다. 그는 하나님을 벗 삼고 하나님 제일주의의 신앙 생활하는 아브람이 시대에 뒤떨어진다고 생각했는지 모릅니다. 그러나 그의 결국은 어찌 되었습니까? 윤리적으로 타락한 삶은 그의 영혼을 병들게 했습니다. 눈앞에 다가온 멸망도 깨닫지 못할 만큼 눈멀어 있었습니다. 결국 그는 모든 것을 다 상실하게 되었고 캄캄한 동굴에서 슬픈 종말을 맞이하였습니다.

아브람은 애굽에서 실패를 통하여 귀한 신앙교훈을 얻었습니다. 하나님의 사람이 돈 때문에 비굴해서는 안 된다는 것이었습니다. 돈보다 사람이 귀함을 깊이 깨달았습니다. 그래서 롯과 이권 다툼이 벌어졌을 때 '가족 정신' '가족애'를 강조하며 선택권을 양보하였습니다. 롯이 떠나버린 뒤에 배신감과 허전함으로 잠을 이루지 못했겠지만 하나님의 말씀에 위로를 받고 헤브론에 가서 하나님을 높이며 하나님과의 영적교제에 힘쓰며 살았습니다. 아브람은 롯이 포로로 잡혀갔을 때 "그놈 천벌을 받았어."고 소해 하지 않았습니다. 하인들을 거느리고 달려가 롯을 구해 냈습니다. 롯을 위해 간절히 중보 기도하였습니다. 하나님을 벗 삼은 아브람은 거룩한 삶을 살았습니다. 성숙한 신자로 성장하였습니다.

하나님께서는 아브람이 롯의 세속주의 신앙을 벗어나 순수한 신앙으로 성장하도록 도우셨습니다. 하나님 제일주의의 신앙으로 성장하도록 도우셨습니다.

✽ 나누어 볼까요?

1. 당신을 괴롭히는 세속주의는 무엇입니까?

2. 어떻게 하나님 제일주의의 신앙생활을 할 수 있을까요?

합심기도합시다	파도처럼 밀려오는 세속주의 물결을 싸워 이기도록

기쁨이 넘치는 신앙

말씀
창세기 21:1~14
새찬송 / 옛찬송
370, 191 / 455, 427

외울말씀
창세기 21:6

세속주의를 극복할 때 마음에 평안이 찾아옵니다. 그러나 영혼에 만족함이 찾아오지 않습니다. 인본주의의 벽을 넘어설 때 신앙생활의 참 맛을 보게 됩니다. 인본주의는 나쁜 것이 아니기에 극복하기가 힘듭니다. 어떻게 인본주의를 넘어 하나님 제일주의의 신앙을 가질 수 있을까요?

"사라가 이르되 하나님이 나를 웃게 하시니 듣는 자가 다 나와 함께 웃으리로다"

✳ 같이 풀어봅시다

1. 아브라함이 언제 약속의 아들, 이삭을 낳았습니까(5절)? 신앙생활을 시작한 지 몇 년 만입니까(12:4 참조)?

2. 아브라함과 사라가 이삭을 얻고 얼마나 기뻤을까요(6~8절)?

3. 왜 아브라함과 사라가 깊이 근심하게 되었습니까(9~11절)?

4. 하나님께서 어떻게 해결해 주셨습니까(12, 13절)? 아브라함이 어떻게 순종하였습니까(14절)?

5. 하나님께서 하갈과 이스마엘을 떠나게 한 데는 무슨 뜻이 있습니까?

하나님께서는 아브라함을 타락한 세상에서 하나님 세계로 불러내셨습니다. 그 다음 세속주의에서 하나님 중심 신앙으로 이끌어내셨습니다. 세속주의 신앙은 아주 형식적인 신앙입니다. 불신자들에게서조차 비난 받은 신앙입니다. 하나님께서는 아브라함을 사랑하셔서 세속주의 신앙을 벗어나도록 도우셨습니다. 그 다음 단계로 인본주의 신앙에서 하나님 제일주의 신앙으로 인도하셨습니다.

인본주의는 사람들 보기에 나쁜 것이 아닙니다. 선하고 훌륭하게 보입니다. 사람들 보기에 선하고 성실하며 부족함이 없는 듯 보입니다. 그래서 보통 사람의 눈으로는 인본주의 결점이 보이지 않습니다. 그런데 인본주의 신앙에는 만족함이 없습니다. 가슴 벅찬 감격이 없습니다. 부족함이 없는 것 같은데 왜 그렇습니까? 인본주의는 자기 범주 안에서 신앙생활을 하고 있기 때문입니다. 결국 자기 성실과 자기 능력을 의지하여 살고 있는 것입니다. 결정적인 순간에는 자기중심적이 되고 맙니다. 결국 인간 차원에서 사는 것입니다. 그 차원을 넘어서 하나님 차원에서 사는 법을 터득하게 되었을 때 영혼의 기쁨이 강물처럼 흐르고 영생을 소유한 희열이 넘치는 것입니다. 초월자 하나님을 사랑하며 초자연적 세계를 경험하며 내 능력 밖의 신기한 일들을 체험하게 될 때 창조주 하나님께 진정 엎드려 경배하게 됩니다.

아브라함은 부족한 사람이었지만 하나님 말씀에 순종하였습니다. 자기 몸이 노쇠하여 생식능력이 없어져 죽은 자와 방불하였음에도 불구하고 아들을 주시겠다는 하나님 약속을 온전히 믿었습니다. 그리하여 100세에 아들을 낳는 기적을 체험하게 되었습니다. 사라는 신기한 하나님의 초자연적 세계를 체험하고 감격하여 부르짖었습니다. "하나님이 나를 웃게 하시니 듣는 자가 다 나와 함께 웃으리로다" "사라가 자식들을 젖먹이겠다고 누가 아브라함에게 말하였으리요마는 아브라함의 노경에 내가 아들을 낳았도다"

아브라함은 이스마엘이 이삭을 희롱하는 일로 가정불화가 나서 큰 근심이 되었지만 하나님 말씀에 순종하여 하갈과 이스마엘을 내보냈습니다. 순수한 하나님 약속이 이루어지기 위하여 인간적으로 좋은 것도 버렸던 것입니다. 하나님을 중심에 모시고 진심으로 하나님을 사랑하는 아브라함의 심령에는 천국의 기쁨이 충만하였습니다.

* 나누어 볼까요?

1. 인본주의 신앙의 한계가 무엇입니까?

2. 당신이 내보내야 할 이스마엘은 무엇입니까?

🔵 합심기도합시다 ┃ 인본주의를 뛰어넘어 감격이 넘치는 신앙 생활을 하도록

하나님을 경외하는 신앙

제 3 4 과

말씀
창세기 22:1~14
새찬송 / 옛찬송
401, 438 / 457, 495

외울말씀
창세기 22:12

하나님께서는 아브라함을 ① 세상으로부터 분리 ② 롯과 분리 ③ 이스마엘과 분리 ④ 이삭과 분리하도록 시키셨습니다. 하나님께서 약속하신 아들, 이삭을 바치라는 말씀은 선뜻 이해하기 어렵습니다. 하나님의 축복보다는 하나님 자신을 사랑하도록 하는 하나님의 수준 높은 훈련이었습니다. 진정 하나님을 경외하며 사랑하는 자에게 은혜가 넘칩니다.

"사자가 이르시되 그 아이에게 네 손을 대지 말라 그에게 아무 일도 하지 말라 네가 네 아들 네 독자까지도 내게 아끼지 아니하였으니 내가 이제야 네가 하나님을 경외하는 줄을 아노라"

✳ 같이 풀어봅시다

1. 하나님께서는 아브라함에게 언제 무슨 시험을 하셨습니까(1, 2절)? 그 시험의 뜻은 무엇입니까?

   * 하나님의 시험 : 아브라함이 영생하시는 하나님을 믿고 부를 때. 성숙한 신앙에 이를 때.
   " 네 아들 네 사랑하는 독자 이삭을 번제로 바치라" 번제는 완전히 태워드리는 제사.
   * 100세에 얻은 독자 보다 하나님을 더 사랑하는 지에 대한 시험. 하나님을 진실로 경외하는 지에 대한 시험. 영원한 축복을 주시려는 시험.

2. 아브라함이 어떻게 순종하였습니까(3~10절)?

   * 완전한 순종 : 아침에 일찍이 일어나 순종. 3일 동안 흔들리지 않고 순종. 하나님을 온전히 믿고 순종(5, 8절). 바치는 시늉만 한 것이 아닌 진실한 순종(9, 10절).

3. 순종하는 아브라함에게 하나님께서 무슨 말씀과 조치를 취하셨습니까(11~14절)?

   * 하나님의 반응 : 아브라함의 중심의 신앙과 사랑을 수납하심. "네가 네 아들 네 독자라도 내게 아끼지 아니하였으니 내가 이제야 네가 하나님을 경외하는 줄을 아노라" 번제할 수양을 보내심. 아브람함의 하나님을 경외하는 신앙을 인정하심.

4. 하나님께서 아브라함에게 독자 이삭을 바치라는 진정한 뜻이 무엇입니까?

"네 아들 네 사랑하는 독자 이삭을 번제로 드리라"

하나님의 깊은 마음을 알지 못하면 너무 가혹한 시험처럼 보입니다. 그러나 하나님의 깊은 뜻을 알고 나면 감동하게 됩니다. 먼저 이 시험은 초신자에게 주신 시험이 아닙니다. 하나님의 깊은 사랑과 은혜를 깨달은 성숙한 신자에게 주신 시험입니다. 하나님께서는 아브라함을 진실로 사랑하셨습니다. 그래서 아브라함의 신앙이 낮은 수준에 머물고 있는 것을 원치 않으셨습니다. 하나님께서는 아브라함의 신앙이 높은 수준에 이르도록 연단하셨습니다. 아브라함에게 최고의 은혜를 주시고자 사랑하시며 훈련하셨습니다. 하나님께서는 아브라함이 영생하시는 하나님을 깨닫고 최고도의 신앙에 이른 것을 보시고 더 큰 축복을 주시고자 아브라함을 시험하셨습니다.

하나님께서는 아브라함에게 최고의 계시를 보여주시고자 하셨습니다. 하나님의 인류구원 계획을 알려주시고자 하신 것입니다. 아버지가 자기 독자를 번제로 바친다는 것은 너무나 큰 고통입니다. 그런데 하나님께서는 인류 구원을 위하여 자기의 독생자를 바치시려고 준비하고 계셨습니다. 그 하나님의 마음을 미리 보여 주신 것입니다. 100세에 얻은 아들, 정말 사랑하는 아들, 순종 잘하는 아들, 그 아들을 아버지가 번제로 바치는 마음, 죽음, 부활, 대속 제물을 아브라함에게 계시하여 주신 것입니다. 믿음의 조상 아브라함에게 하나님의 인류구원 그림을 먼저 보여주신 것입니다. "너희 조상 아브라함은 나의 때 볼 것을 즐거워하다가 보고 기뻐하였느니라"(요 8:56)는 예수님의 말씀이 바로 이것을 말씀하신 것입니다.

하나님께서는 아브라함에게 최고의 축복을 주시고자 이 시험을 하신 것입니다. 많은 사람들이 하나님을 이용하여 자기의 구하는 것을 얻고자 신앙 생활합니다. 그런 신앙으로는 영생의 축복을 누릴 수 없습니다. 하나님의 축복보다 하나님 자신을 사랑하게 되었을 때 참 만족의 신앙생활을 할 수 있습니다. 하나님 한 분 만으로 만족하는 신앙, 진실로 여호와 하나님을 경외하는 신앙을 가질 때 인간이 누릴 수 있는 최고의 영적 희열을 누릴 수 있습니다. 하나님께서는 바로 그것을 누리도록 지금까지 훈련하셨고 마지막 그 신앙을 확인하신 것입니다. 하나님을 경외하는 자에게 하나님은 모든 것을 다 주십니다.

✳ 나누어 볼까요?

1. 당신은 하나님 한 분 만으로 만족하는 신앙 경지에 이르렀습니까?

합심기도합시다	진실로 여호와 하나님을 경외하는 신앙 경지에 이르도록

범사에 복을 누리는 신앙

말씀
창세기 24:1~9

새찬송 / 옛찬송
400, 384 /463, 434

외울말씀
창세기 24:1

늙은 나이에 신앙 출발한 아브라함은 고생도 많았습니다. 그러나 참된 신앙 경지에 이른 그는 어느 누구 못지않은 최고의 축복을 누리게 되었습니다. 신앙 세계의 내면의 축복은 말할 것도 없고 자녀의 축복, 인간관계의 축복, 물질의 축복, 범사에 형통하는 축복 등 차고 넘쳤습니다. 축복의 비결이 무엇입니까?

"아브라함이 나이가 많아 늙었고 여호와께서 그에게 범사에 복을 주셨더라"

✷ 같이 풀어봅시다

1. 사라가 언제 죽었습니까(창 23:1)? 그때 아브라함 나이 몇 세였습니까?

2. 아브라함이 아내 사라의 장례를 치르면서 헷 족속에게 어떤 대우를 받았습니까 (창 23:5, 6, 10, 11, 15)? 왜 아브라함은 거저 주는 매장지를 기어이 돈을 주고 샀습니까(16절)?

3. 아브라함이 아들, 이삭을 언제 결혼시켰습니까(25:20)? 그때 그의 나이 몇 세입니까? 아내 사라 죽은 지 몇 년 후입니까? 왜 아들 결혼이 늦어졌을까요(3, 4, 7절)?

4. 아브라함의 늙은 종이 얼마나 충성스러웠습니까(2, 9, 33, 34, 48, 56절)?

5. 아브라함이 노년에 무슨 복을 누렸으리라 생각하십니까?

신앙 생활하다보면 "신앙생활의 목표가 무엇입니까?" 묻고 싶을 때가 있습니다. 그 답은 아브라함 생애에 나와 있습니다. 아브라함 75세에 부르심 받아 신앙 세계에 입문하였습니다. 아브라함이 100세에 이삭을 얻기까지 25년 동안 많은 연단을 받았습니다. 말씀 훈련, 순종 훈련, 물질보다 사람을 귀히 여기는 훈련, 십일조 훈련, 믿음 훈련, 참고 기다리는 인내 훈련, 절망적인 순간에도 하나님을 바라보는 기도 훈련, 사랑하고 섬기는 훈련, 세속주의와 싸우는 훈련, 인본주의와 싸우는 훈련 등 참으로 많은 연단을 받았습니다. 아브라함은 그 모든 훈련을 절대적 신앙과 순종으로 잘 감당하였습니다. 드디어 하나님께서는 아브라함에게 100세에 약속하신 아들을 주셨습니다. 그 뒤에도 하나님께서는 아브라함의 신앙이 더욱 성숙하도록 도우셨습니다. 마침내 아브라함은 하나님으로부터 "네가 하나님을 경외하는 줄을 아노라"는 합격증을 받았습니다. 하나님께서는 아브라함에게 여호와 한 분 만으로 만족하는 신앙, 창조주 하나님을 참으로 경외하는 신앙, 절대적 신앙에 이르도록 이끄셨습니다.

그 신앙 경지에 이르니 아브라함에게 한없는 복이 쏟아졌습니다. 영원세계에 계시는 하나님과 황홀한 영적 교제에 들어간 것은 물론이요, 수천 년 후에 이루어질 메시아의 인류 구속과 땅의 모든 족속이 그를 통하여 구원의 복을 누릴 것까지 바라보게 된 것입니다. 아브라함이 보고 즐거워하는 그 인류 구원의 감격과 하나님 나라의 도래를 그 시대 어느 누가 상상이나 하였으리요? 아브라함은 영광스러운 하나님의 구속의 경륜을 미리 보았습니다. 뿐만 아니라 그의 지상의 삶에 큰 복이 임하였습니다.

이웃 사람들이 아브라함의 거룩한 삶에 감동하여 '하나님의 방백'으로 존경하였습니다. 묘실을 무상으로 제공하였습니다. 그러나 아브라함은 먼 훗날 분쟁의 시비거리를 없애고자 애써 값을 치르는 미래를 보는 눈까지 가졌습니다. 훌륭한 종들이 아브라함을 보필하고 충성을 다하여 일하였습니다. 물질의 풍요함은 말할 필요가 없습니다. 노년에 죽음의 공포와 질병과 고독 속에서 황혼을 보내는 노인들하고는 완전히 다른 모습입니다. 여호와 하나님을 경외하는 이에게 하나님은 노년에 놀라운 복을 베풀어주십니다.

"아브라함이 나이 많아 늙었고 여호와께서 그의 범사에 복을 주셨더라"

✳ 나누어 볼까요?

1. 당신 주위에 여호와를 경외하여 노년에 복을 누리는 사람을 보았습니까?

⬤ 합심기도합시다   여호와를 경외하는 신앙을 가져 노년에 복을 누리게 하옵소서!

돈에 자유로운 크리스천

말씀
잠언 30:7~9

새찬송 / 옛찬송
370, 438 / 455, 495

외울말씀
잠언 30:8

신앙 성장에 있어서 물질 문제가 중요합니다. 어떤 이는 돈에 꽉 얽매여 신앙이 성장하지 못하고 있습니다. 어떤 이는 빚에 쪼들려 가슴을 펴지 못하고 삽니다. 우리 인간은 일과 모든 물질을 다스려 나가는 관계를 가질 때 참 자유를 누리는 삶을 살 수 있습니다. 당신은 물질에 자유로운 사람입니까?

"곧 헛된것과 거짓말을 내게서 멀리 하옵시며 나로 가난하게도 마옵시고 부하게도 마옵시고 오직 필요한 양식으로 나를 먹이시옵소서."

✽ 같이 풀어봅시다

1. 아굴의 두 가지 기도 제목이 무엇입니까(7, 8절)?
   * 첫 번째 기도제목: 정직한 삶(7절)
   * 두 번째 기도제목: 자유의 삶. 물질에 얽매이지 않는 자유의 삶(8절)

2. 물질로 인하여 신앙생활을 잘못하는 경우는 어떤 경우입니까(9절, 전 5:12, 13, 잠 28:20, 딤전 6:9, 10)?

3. 돈에 얽매이지 않고 물질로 하나님께 영광을 돌리며 선한 일을 하려면 어떻게 해야 합니까(7절, 마 6:11, 잠 12:27, 딤전 6:17~19)?

4. 돈 때문에 시달리지 않고 물질로부터 참 자유를 누리려면 어떻게 해야 합니까 (빌 4:11~13)?

인생에서 중요한 것은 관계성입니다. 철학자 키엘케고르는 "인간이란 무엇인가? 인간은 정신이다. 정신은 무엇인가? 정신은 자기이다. 자기는 무엇인가? 자기는 자기에 관계하는 모든 관계의 관계이다." 라고 설파하였습니다. 즉 사람이 살아가는데 있어 가장 중요한 것은 관계성(relationship)이라는 것입니다.

그렇습니다. 신앙생활에 있어서 가장 중요한 것은 하나님과의 올바른 관계입니다. 하나님의 지극한 사랑을 깨닫고 하나님을 사랑하며 순종할 때 비로소 신앙의 참 경지에 들어가는 것입니다. 하나님과의 올바른 관계 속에서 다른 사람과 올바른 관계를 가질 때 마음에 평화와 기쁨이 옵니다. 그리고 일과 물질을 다스리는 관계 속에서 살 때 참 자유를 누릴 수 있습니다. 사람은 물질을 다스리는 존재가 되어야지 물질에 지배당하는 존재가 되어서는 안 됩니다.

많은 현대인들이 물질에 사로잡혀 '물질의 노예' '일의 노예'가 되어 살고 있습니다. 인생을 살기 위해서 돈을 버는 지, 돈을 벌기 위해 인생을 사는 지 구분이 안 됩니다. 돈 때문에 사람도 잃어버리고, 건강도 잃어버리고, 명예도 잃어버립니다. 그런 후에야 자기 잘못을 깨닫고 가슴을 치고 후회합니다. 그래서 성경은 돈에 집착하지 말라고 말합니다. 물욕에 사로잡히지 않도록 경고의 말씀을 줍니다. "돈을 사랑함이 일만 악의 뿌리가 되나니 이것을 탐내는 자들은 미혹을 받아 믿음에서 떠나 많은 근심으로써 자기를 찔렀도다."(딤전 6:10)

그런데 선한 일을 하고 싶어도 물질이 없어서 괴로움을 당하는 사람이 있습니다. 다른 사람을 돕고 싶어도 마음뿐이지 실행하지 못합니다. 궁핍하여 친지 애경사에도 가지 못하고 삽니다. 하나님 앞에 영광을 돌리고 싶어도 마음뿐입니다. 사람 구실하면서 살려면 돈도 필요하다는 것을 뒤늦게야 깨닫습니다. 그래서 성경은 부지런히 일할 것을 가르쳐 줍니다. "게으른 자는 그 잡을 것도 사냥하지 아니하나니 사람의 부귀는 부지런한 것이니라."(잠 12:27)

그래서 아굴은 기도합니다. "나로 가난하게도 마옵시고 부하게도 마옵시고 오직 필요한 양식으로 내게 먹이시옵소서!" 물질에 얽매이지 않고 하나님을 온전히 섬길 수 있도록 필요한 물질을 주시도록 기도합니다. 사랑하는 성도님! 돈에 지배당하지 않고 물질을 다스려 참 자유를 누리는 귀한 성도되시기를 간절히 기도합니다. 사람 구실 할 수 있을 만큼 풍성한 물질 주시기를 기도합니다.

✳ 나누어 볼까요?

1. 돈 때문에 고생하지 않고 참 자유를 누리며 살 수 있는 길이 무엇일까요?

● 합심기도합시다 | 물질로부터 자유를 누리는 신자가 되어 하나님께 영광돌리도록

돈을 어떻게 값지게 쓸까?

제 3 7 과

말씀
삼하 17:27~29, 19:31~39

새찬송 / 옛찬송
400, 597 / 463, 378

외울말씀
잠언 21:26

돈을 버는 것도 중요하지만 돈을 값지게 쓰는 것은 더 중요합니다. 돈을 쓰는 모습에서 그 사람의 진정한 가치관을 볼 수 있습니다. 자기 쾌락을 위해서는 매우 아끼지만 하나님 영광을 위해서는 아낌없이 투자하는 사람이 진정 하나님께 영광 돌리는 신자입니다. 그러한 가치관을 가지고 살 때 아름다운 신앙생활을 할 수 있습니다.

"어떤 자는 종일토록 탐하기만 하나 의인은 아끼지 아니하고 베푸느니라"

✳ 같이 풀어봅시다

1. 다윗 왕이 압살롬의 반역으로 피신할 때 마하나임에서 어떤 사람들이 나아와 무슨 일을 하였습니까(17:27~29)? 그 사랑을 받은 다윗 왕의 마음이 어떠했을까요?
   * 다윗 왕이 가장 곤고한 때, 권력을 빼앗길지 모르는 절대 절명의 위기의 때, 소비, 마길, 바르실래가 찾아와 가장 필요한 생필품을 제공함.

2. 반란군을 진압하고 환궁할 때 또 다시 섬기는 바르실래에게 다윗 왕은 어떻게 은혜를 갚고자 합니까(19:32, 33)?

3. 바르실래는 상을 내리려는 다윗 왕께 어떻게 대답합니까(19:34~37)? 다윗 왕은 어떻게 은혜에 보답합니까(19:38, 39)?

4. 돈을 어떻게 값지게 쓸 수 있을 까요(전 11:1)?

미국의 갑부 워런 버핏은 자선 사업을 위하여 350억 달러를 헌금하였습니다. 우리 돈으로 34조나 되는 거액을 자선 사업에 써 달라고 선뜻 내놓아 온 세계를 깜짝 놀라게 하였습니다. 그것도 자기 자선 단체에 내놓는 것이 아니라 친구인 빌 게이츠 자선단체에 기부하는 것이었습니다. 그 이유인즉 친구가 자금을 더 잘 관리할 거라는 것이었습니다. 자기 자녀들을 위하여서는 각 10만 달러 밖에 물려주지 않았습니다. 진정 그는 재물을 모을 줄도 알았지만 값지게 재물을 쓸 줄도 알았습니다. 워런 버핏처럼 값지게 돈을 쓴다면 누가 부자를 비난하겠습니까?

성경은 부 자체를 죄로 여기지 않습니다. 돈에 마음을 빼앗겨 하나님도 멀리하고 자기 영혼을 돌보지 않아 죄 속에 빠지는 것을 경고할 뿐입니다. 성경에 나오는 위대한 신앙인들 가운데 큰 부자들도 있습니다. 아브라함도 하인 318명을 거느린 큰 부자였습니다. 다윗은 수천억 원의 건축헌금을 할 정도의 큰 부자였습니다. 그러므로 부자라고 죄의식을 가질 필요는 없습니다.

길르앗 사람 바르실래는 갑부였습니다. 그런데 그는 진정 재물을 값지게 쓸 줄 아는 사람이었습니다. 다윗 왕이 곤경에 빠졌을 때 아낌없이 도왔습니다. 침상, 대야, 질그릇, 밀, 보리, 밀가루, 볶은 곡식, 콩, 팥, 볶은 녹두, 꿀, 뻐더, 양, 치즈 등 다윗과 군사 수천이 먹을 막대한 음식과 생필품을 제공하였습니다. 정말 어렵고 힘들 때 사랑의 선물은 눈물 나도록 고맙습니다. 다윗 왕은 바르실래의 사랑과 충정을 평생 잊지 못했을 것입니다. 바르실래는 다윗 왕이 반란군을 진압하고 환궁할 때 또 도왔습니다. 다윗 왕은 너무 고마워 그를 크게 상주고자 예루살렘에 함께 가자고 했습니다. 그러나 그는 연로함을 이유로 사양합니다. 다윗 왕은 바르실래의 입을 맞추고 복을 빌어주었습니다. 성경은 우리에게 교훈을 줍니다. "어떤 자는 종일토록 탐하기만 하나 의인은 아끼지 아니하고 베푸느니라" "너는 네 떡을 물 위에 던져라 여러 날 후에 도로 찾으리라" "너희를 위하여 보물을 땅에 쌓아두지 말라 거기는 좀과 동록이 해하며 도둑이 구멍을 뚫고 도둑질하느니라 오직 너희를 위하여 보물을 하늘에 쌓아두라 거기는 좀이나 동록이 해하지 못하고 도둑질도 못하느니라" 하나님께 큰 영광을 돌리기 위해 열심히 일하여 돈을 많이 벌기 바랍니다. 그리고 정말 값지게 돈을 써서 하나님께 영광 돌리시기 바랍니다.

1. 당신은 돈을 잘 벌고 있습니까?

2. 하나님 영광을 위해 어떻게 쓰고 있습니까?

합심기도합시다 | 하나님 영광을 위해 쓰겠사오니 풍성한 물질 주소서!

노후대비가 죄인가요?

말씀
전도서 12:1~14
새찬송 / 옛찬송
301, 492 / 460, 544

외울말씀
전도서 12:1

어떤 사람은 열심히 노후 준비를 하고 있습니다. 주위에서 믿음이 없다고 말합니다. 또 다른 사람은 "내일 일은 난 몰라요 하루하루 살아요." 약간 불안 하지만 하나님을 의지합니다. 노후대비가 죄입니까?

"너는 청년의 때에 너의 창조자를 기억하라 곧 곤고한 날이 이르기 전에 나는 아무 낙이 없다고 할 해들이 가깝기 전에"

✳ 같이 풀어봅시다

1. 청년의 때란 언제입니까? 하나님께서는 청년의 때, 아직 힘이 있을 때 무엇을 하라고 가르쳐 줍니까(1절)?
   * 청년의 때 : 노쇠하여 폐인이 되기 이전의 기간.
   * 영적인 노후대비 : 창조자를 기억하라.

2. 사람은 누구나 노쇠해 질 때가 있습니다. 노쇠할 때의 다리, 허리, 식욕, 시력 (3절), 청력, 치아, 수면, 목소리(4절), 계단, 두발, 노동력(5절)이 어떠합니까?

3. 사람은 노쇠하여 마침내 죽음을 맞게 됩니다(5하~7절)? 죽음이 어떻게 옵니까?
   * 은줄, 금 그릇 : 고대 중동의 고급 등불은 금 그릇에 기름을 채워 등불을 밝히고 은줄로 매달아 놓았는데 세월이 지난 다음에는 은줄이 풀리고 등불이 땅에 떨어져 깨져버림. 죽음을 표현한 말임.
   * 항아리, 우물의 바퀴 : 실수로 항아리가 깨어지고, 물수레 바퀴 줄이 끊어져 깨어져 버림. 죽음을 가리킨 말.

4. 죽음은 한 인생에 어떤 의미를 줍니까(8절)? 인생의 허무를 극복할 길은 무엇입니까(13, 14절)?

과거 대가족 시대에는 노후 걱정할 필요가 없었습니다. 자녀들만 잘 가르치면 자녀들이 부모님을 봉양함으로 노후가 염려되지 않았습니다. 그런데 핵가족 시대가 되면서 달라졌습니다. 자녀들에게 기댈 수가 없게 되었습니다. 눈치 빠른 사람은 노년에 자식을 기댈 수 없다는 것을 알고 노후 준비를 합니다. 그러나 어떤 사람은 머뭇거립니다. 노후대비를 하면서도 죄의식을 갖는 사람들도 있습니다. 하나님 앞에서 감당해야할 의무를 소홀히 하면서 노후대비에만 매달리고 있다면 그것은 분명히 죄입니다. 그러나 막연히 하나님께서 도와주시리라는 기대감만 가지고 노후를 준비하지 않은 사람은 노년에 땅을 치며 후회할 날이 있을 것입니다. "개미는 … 먹을 것을 여름 동안에 예비하며 추수 때에 양식을 모으느니라."(잠 6:8)는 말씀을 묵상해 볼 때 누구도 노년을 책임져 주지 않은 시대에 살면서 힘이 있을 때 노후대비를 하는 것은 지혜라 할 수 있습니다.

그렇다면 믿음으로 하는 노후 대비는 무엇입니까?

먼저 영적 노후대비가 가장 중요합니다. 전도서 12장 말씀처럼 사람은 누구나 노쇠해집니다. 그러나 노년에 천국에 대한 확실한 소망, 하나님과 깊은 영적 교제를 나눌 능력, 어떤 상황 속에서도 항상 기뻐하고 감사할 수 있는 믿음, 주위 사람들에게 선한 영향력을 가질 수 있는 인품을 갖추고 산다면 노년이 결코 외롭지 않을 것입니다. "일의 결국을 다 들었으니 하나님을 경외하고 그 명령을 지킬지어다."

영적 노후대비 외에도 생활적인 노후대비가 필요합니다. 노년에 자식들의 도움 없이도 살려면 조금씩이라도 저축함이 필요합니다. 노년에 가장 괴로운 것은 질병입니다. 건강은 단기간에 해결되지 않습니다. 건강하려면 젊어서부터 노력해야 합니다. 늙어서도 할 일이 있고 목표가 있는 사람은 치매에 걸리는 확률이 낮다고 합니다. 늙어서도 재미있는 일, 품위 있는 일이 무엇일까요? 노인들을 괴롭히는 것은 질병 다음으로 고독이라고 합니다. 노년의 고독을 이길 수 있는 길은 무엇입니까? 친구입니다. 고와 낙을 나눌 친구가 있다면 노년이 외롭지 않을 것입니다. 그리고 가장 확실한 노후대비는 역시 자녀교육입니다. 자녀들을 훌륭한 인물로 교육하면 부모의 기쁨이 됩니다. 아브라함처럼 하나님을 경외하여 하나님의 복으로 아름다운 노년을 보내시기 바랍니다.

✳ 나누어 볼까요?

1. 우리 주위에 믿음으로 노후를 대비하여 아름답게 노년을 보낸 분들이 있습니까?

🔵 합심기도합시다 | 젊을 때 하나님께 충성, 노년에 하나님의 복을 누리는 신자 되도록

헌금은 복인가요?

제 3 9 과

말씀
말라기 3:7-12
새찬송 / 옛찬송
408, 50 / 466, 71

외울말씀
말라기 3:10

헌금이 두려워 신앙생활을 주저하고 있는 사람들이 더러 있습니다. 또 어떤 사람은 헌금 때문에 신앙 성장이 멈춰 있는 사람도 있습니다. 어떻게 하면 즐거이 헌금하고 하나님의 큰 복도 받을 수 있을까요?

"만군의 여호와가 이르노라 너희의 온전한 십일조를 창고에 들여나의 집에 양식이 있게 하고 그것으로 나를 시험하여 내가 하늘 문을 열고너희에게 복을 쌓을 곳이 없도록 붓지 아니하나 보라"

✻ 같이 풀어봅시다

1. 하나님의 백성인 이스라엘 백성들의 죄가 무엇입니까(7, 8절)? 그 죄의 결과가 무엇입니까(9절)?

2. 저주를 벗어나서 복을 받을 길이 무엇입니까(10~12절)? 어떤 복을 받습니까?

3. 헌금의 원리가 무엇입니까(창 14:18~20, 대상 29:14, 빌 4:18, 19)?

4. 성경에서 가르치는 올바른 헌금하는 자세는 무엇이며, 바르게 헌금하는 자에게 무슨 복이 임합니까(잠 3:9, 10, 빌 4:19, 고후 8:2, 3, 9:6~8)?

거듭나지 못한 사람이 헌금한다는 것은 어렵습니다. 그러나 진정으로 거듭난 사람은 기쁘게 헌금합니다. 왜 그렇습니까? 거듭난 사람은 하나님과 사랑의 관계를 갖게 되었기 때문입니다. 구두쇠 삭개오도 예수님을 모신 후 재산의 절반을 헌금하였습니다.

헌금은 무엇입니까? 헌금은 하나님에 대한 사랑의 표현입니다. "하나님, 지옥에 갈 수 밖에 없는 이 죄인을 구원해 주시니 정말 감사합니다. 이 죄인을 구원해 주심 무한 감사합니다. 하나님 사랑합니다." 사랑의 표현으로 헌금합니다. 헌금에 담긴 더 깊은 뜻은 신앙의 표현입니다. "하나님은 창조주이십니다. 모든 만물이 하나님에게서 나왔습니다. 창조주 나의 하나님이시여, 영광 받으소서!" 창조주 하나님에 대한 신앙의 표현으로 십일조를 바치는 것입니다. 또한 헌금은 하나님에 대한 감사의 표현입니다. 배우자를 주신 하나님, 자녀를 주신 하나님, 직장을 주신 하나님, 집과 자동차를 주신 하나님, 건강을 주신 하나님, 위험에서 건져주신 하나님, 여러 귀한 선물을 주신 하나님, 형통케 해주신 하나님, 위로해 주신 하나님, 삶의 의미를 찾아 주신 하나님, 모든 은혜를 주신 하나님께 감사하며 헌금을 바치는 것입니다.

참된 신자는 헌금을 하면서 은혜 받습니다. 월급봉투에서 맨 먼저 십일조를 떼어 바치면서 기도할 때 감사의 눈물이 솟구칩니다. "주님, 이 어려운 시대에 굶지 않고 사는 것만도 큰 은혜인데 이처럼 풍성한 소득을 주셔서 얼마나 감사한지요? 복을 주신 하나님 감사합니다. 하나님, 더 열심히 살겠습니다. 하나님, 더 감사하며 일하겠습니다." 감사함으로 바칩니다.

이처럼 기쁘게 연보생활하면 하나님께서 기뻐하십니다(빌 4:18). 하나님께서 큰 복을 주십니다. 먼저 물질의 노예로 살지 아니하고 물질을 다스리는 자로 자유를 누리며 살게 됩니다. 더 풍성한 물질을 복으로 받습니다(잠 3:9, 10, 말 3:10, 11). 하나님께서 다 채워 주십니다(빌 4:19).
　확실히 온전한 십일조를 바친 후부터 집안 살림이 늘어나고 풍성해짐을 깨달은 어떤 집사님은 고백합니다. "헌금하는 것 자체가 복이요, 온 가족 건강하고 다 직장을 갖게 되었어요. 집값도 두 배로 올랐어요. 하나님 감사합니다."

❊ 나누어 볼까요?

1. 당신은 온전한 십일조 헌금을 잘하고 있습니까? 어떤 복을 누리고 있습니까?

합심기도합시다	헌금 생활 잘하여 하나님과 더 가까워지고 풍성한 복을 누리도록

주의 종과 모든 좋은 것을 함께하라

제40과

말씀
갈라디아서 6:6~10

새찬송 / 옛찬송
400, 597 / 463, 378

외울말씀
갈라디아서 6:6

신앙생활에서 관계(relationship)는 매우 중요합니다. 가장 중요한 것은 하나님과의 관계이며(막12:29,30) 다음은 사람과의 관계(막12:31)입니다. 하나님과의 관계는 사람과의 관계와 밀접한 관계에 있습니다(요일4:20,21). 그러므로 기쁨과 감격이 넘치는 은혜로운 신앙생활을 위해서는 설교하는 주의 종과의 관계, 신자와의 관계, 불신자와의 관계, 친구와의 관계를 잘 가져야 합니다.

"가르침을 받는 자는 말씀을 가르치는 자와 모든 좋은 것을 함께하라"

✳ 같이 풀어봅시다

1. 하나님께서는 말씀을 가르치는 주의 종과 어떤 관계를 가지라고 말씀합니까(6절)? 그러한 삶이 왜 필요할까요?
   * 말씀을 가르치는 자와 모든 좋은 것을 함께하라. 마음으로 사랑하고 존경함은 물론 물질적으로 함께하라는 뜻임. 사랑과 정성을 담은 선물을 함께 할 때 영혼의 교통이 이루어짐.
   * 주의 종과 모든 좋은 것을 함께할 때 예배가 은혜로워 짐. 영혼의 교통이 이루어져 하나님의 은혜와 사랑, 복을 풍성히 받게 됨.

2. 주의 종과 모든 좋은 것을 함께해야할 또 다른 이유는 무엇입니까(7~9절)?
   * 사람은 무엇으로 심든지 그대로 거두기 때문. 자기 육체를 위하여 심는 자(육체 욕망을 위하여 물질을 사용하는 자)는 썩어져 없어져 버리는 육체적인 것을 거둠. 그러나 성령을 위하여 심는자 (하나님 영광을 위하여 물질을 사용하는 자)는 영생과 신령한 것을 성령으로부터 받게 됨.
   * 종말론적으로 볼 때 모든 잘잘못은 심판 때 밝히 드러나게 됨. 그날에 참고 선을 행하는 사람은 선한 열매와 상을 받게 됨.

3. 주의 종과 좋은 것을 함께 한 사람들의 예를 들어 보시오(왕하 4:8~17, 빌 4:15~20, 롬 16:3, 4).
   * 수넴 여인은 엘리사와 좋은 것을 함께하여 큰 복을 받게 되었음. 빌립보교회 성도들은 바울 사도에게 여러 번 선교헌금을 보내어 큰 복을 받았음. 브리스길라와 아굴라 부부는 주의 종을 잘 섬겨 최고의 칭찬과 복을 받음.

신앙생활을 잘하려면 무엇보다 하나님과 깊은 사랑의 관계를 가져야 됩니다. 하나님의 사랑을 깨닫고 하나님을 사랑할 때 기쁨이 넘칩니다. 그 하나님의 사랑을 가지고 다른 영혼을 사랑할 때 하나님의 사랑을 몸으로 느낄 수 있습니다. 모든 신자들이 맨 먼저 사랑해야 할 대상은 불신자보다 신자입니다. 신자들과 사랑의 교제에서 큰 기쁨을 얻어 불신자까지도 사랑하게 되는 것입니다.

신자가 사랑해야할 신자 중에 가장 먼저 사랑해야할 대상은 말씀을 전해 주시는 주의 종입니다. 주의 종과 관계가 막혀 있으면 신앙생활이 매우 힘들 수밖에 없습니다. 그러나 주의 종과 관계성이 좋으면 매우 은혜로운 신앙생활을 할 수 있는 것입니다. 왜 그렇습니까?

말씀을 전하는 주의 종은 말씀의 통로요, 하나님 말씀의 대언자요, 하나님의 위로와 사랑의 전달자가 되기 때문입니다. 그래서 성경은 말합니다.

"가르침을 받는 자는 말씀을 가르치는 자와 모든 좋은 것을 함께하라"

때때로 이런 사람들이 있습니다. 하나님과 깊은 관계만 있으면 되었지 주의 종과의 관계성은 그리 중요하지 않다고 말합니다. 그러나 이런 생각은 성경의 가르침과는 거리가 먼 것입니다. 그런 생각을 가진 사람은 요한일서 4장 20,21절 말씀을 깊이 묵상해 보아야 됩니다.

"누구든지 하나님을 사랑하노라 하고 그 형제를 미워하면 이는 거짓말하는 자니 보는바 그 형제를 사랑하지 아니하는 자는 보지 못하는바 하나님을 사랑할 수 없느니라. 우리가 이 계명을 주께 받았나니 하나님을 사랑하는 자는 또한 그 형제를 사랑할지니라."

실제로 주의 종과 원만한 관계를 갖지 못한 사람은 매우 힘든 신앙생활을 할 수 밖에 없습니다. 그리고 교회에도 매우 나쁜 영향력을 끼치게 됩니다. 모든 성도님들은 하나님께서 세우신 말씀의 종들과 좋은 관계성을 가져야 합니다. 밉더라도 사랑하십시오. 그리고 모든 좋은 것을 함께 나누며 긴밀한 사랑의 관계를 유지하십시오. 그리할 때 수넴 여인처럼 큰 복을 받게 됩니다. 빌립보교회 성도님들은 바울 사도를 잘 섬겨 큰 칭찬과 복을 받았습니다. 사랑하는 성도님, 하나님의 뜻이오니 목사님을 진실로 사랑하고 잘 섬기십시오. 주의 종을 잘 섬기는 것이 하나님 잘 섬기는 것입니다. 심는 대로 거둘 것입니다.

✱ 나누어 볼까요?

1. 어떻게 하면 말씀 전하는 주의 종과 긴밀한 사랑의 관계를 가질 수 있을까요?

🔵 **합심기도합시다** | 하나님께서 세우신 하나님의 종을 잘 섬기도록

너희도 서로 발을 씻어주라

말씀
요한복음 13:1~17

새찬송 / 옛찬송
288, 220 / 204, 278

외울말씀
요한복음 13:14

신앙성장의 길은 바로 하나님 사랑, 인간 사랑을 실천하는 것입니다. 우리 신자가 사랑해야할 첫 대상은 불신자가 아니라 신자입니다. 특히 우리 신앙공동체 안에 있는 신자, 곧 우리 교회 성도님들입니다. 같은 교회 신자도 사랑하지 못하면서 이방인들을 사랑한다고 나서는 것은 위선입니다. 우리 주님은 성도들이 사랑하도록 새 계명을 주셨습니다.

"내가 주와 또는 선생이 되어 너희 발을 씻겼으니 너희도 서로 발을 씻기는 것이 옳으니라"

❉ 같이 풀어봅시다

1. 예수님께서 언제 제자들의 발을 씻어주셨습니까(1~3절)? 발을 씻어주는 것은 무슨 의미가 있습니까(4~11절)?
   * 십자가에 돌아가시기 전날 밤, 최후만찬석상에서.
   * 발을 씻어주는 것은 당시 종들이 하는 일, 사랑하고 섬기는 행동, 냄새나고 더러운 약점을 감당하는 사랑의 행위.

2. 제자들의 발을 씻겨주신 예수님은 제자들에게 무슨 말씀을 주셨습니까(12~17절)?
   * 주와 선생인 내가 너희 발을 씻겼으니 너희도 서로 발을 씻겨주라.
   * 내가 너희에게 행한 것같이 너희도 행하게 하려하여 본을 보였노라.
   * 높으신 주님께서 낮은 제자들에게 사랑과 섬김의 본을 보인 것을 알고 행하면 복이 있으리라

3. 예수님은 발을 씻겨주신 후에 무슨 새 계명을 주셨습니까(34절)?

4. 새 계명, 곧 성도가 서로 사랑하는 구체적인 삶은 무엇입니까(엡 4:2)?
   * 겸손, 온유, 오래 참음, 사랑으로 용납함.

✳ 메시지

아름답게 잘 성장하는 교회를 보면 교회 안에 사랑이 넘칩니다. 서로 신뢰하고 존경하며 사랑합니다. 그래서 교회생활이 기쁘고 신자로서 긍지와 자부심이 생깁니다. 교회가 화목하고 서로 사랑할 때 교회는 아름답게 성장합니다.

신앙생활이 무엇입니까? 하나님 사랑, 인간 사랑입니다. 그러므로 인간관계는 매우 중요합니다. 인간관계의 실패는 곧 신앙생활의 실패라 해도 과언이 아닙니다. 진정으로 하나님을 사랑하는 사람은 인간 사랑을 실천합니다. 하나님의 사랑을 가슴에 품고 성도님들을 진실로 사랑하면 신앙이 크게 성장합니다.

예수님의 제자들도 처음에는 서로 사랑하지 못하였습니다. 누가 크냐고 다투기를 잘하였고 섬길 줄을 몰랐습니다. 작은 일에 쉽게 분노하며 서로 신뢰하지 못하고 의심하였습니다. 예수님은 이러한 제자들의 모습을 보시고 걱정되었습니다. 그래서 십자가에 돌아가시기 전날 밤, 최후만찬석상에서 예수님은 일어나 대야에 물을 담아 제자들의 발을 씻기기 시작하였습니다. 발을 씻기는 것은 당시 종들이나 하는 천한 일이었습니다. 만왕의 왕이신 예수님은 참으로 겸손하게 교만한 제자들의 발을 씻어주셨습니다. 발은 신체에서 냄새나고 더러운 지체입니다. 예수님은 제자들의 더러운 발을 일일이 씻겨 주시고 말씀하셨습니다.

"내가 주와 또는 선생이 되어 너희 발을 씻겼으니너희도 서로 발을 씻기는 것이 옳으니라"

인간은 교만합니다. 자기중심적입니다. 그래서 사랑할 줄 모르고 남을 무시합니다. 예수님은 사랑의 공동체 안에서 겸손하게 서로 섬기며 사랑하는 모범을 보여주신 것입니다. 그리고 새 계명을 주셨습니다.

"새 계명을 너희에게 주노니 서로 사랑하라 내가 너희를 사랑한 것과 같이 너희도 서로 사랑하라"

사랑하는 성도님, 우리 서로 사랑합시다. 더러운 제자들의 발을 씻어주신 주님을 본받아성도님들의 약점을 감당해주고 연약하고 부족한 점을 이해해 주고 기도해 줍시다. 늘 사랑의 마음으로 따뜻하게 대해주며 오래 참고 용서하며 품어줍시다. 겸손한 곳에 평화가 있고, 온유한 곳에 감사가 있으며, 오래 참는 곳에 열매가 있고, 서로 용납하는 곳에 기쁨이 넘칩니다.

✳ 나누어 볼까요?

1. 성도가 사랑하지 못하는 이유가 무엇입니까?

2. 어떻게 서로 사랑할 수 있을까요?

> 🔵 **합심기도합시다**   우리 구역, 우리 교회에 사랑과 섬김이 넘쳐 주님을 기쁘시게 해 드리도록

신앙 성숙을 향한 **갈망** **101**

불신자에게 영향력 있는 신자

제 4 2 과

말씀
창세기 26:17~33

새찬송 / 옛찬송
84, 445 / 96, 502

외울말씀
창세기 26:28

신자들은 세상에서 살면서 많은 불신자들을 만납니다. 그들에게 선한 영향력을 끼쳐 그들이 하나님 품으로 돌아오게 하는 것이 하나님 뜻입니다. 그러므로 불신자들과의 좋은 인간관계 또한 중요합니다. 불신자들은 원수가 아닙니다. 우리가 전도해서 구원해야 할 우리 양입니다.

"그들이 이로되 여호와께서 너와 함께 계심을 우리가 분명히 보았으므로 우리의 사이 곧 우리와 너 사이에 맹세하여 너와 계약을 맺으리라 말하였노라"

✳ 같이 풀어봅시다

1. 물이 귀한 중동 지역에서는 우물이 귀한 재산입니다. 이삭이 애써 판 우물을 몇 번이나 양보합니까(15, 20, 21, 22절)?

2. 이삭에게 누가 찾아와서 무슨 요청을 합니까(26~29절)? 그들이 화친조약을 맺고자 한 이유가 무엇이었습니까(28, 29절)?

3. 이삭이 이전에 많은 피해를 주었던 그들을 어떻게 대하였습니까(30, 31절)? 그 후에 무슨 기쁜 일이 있었습니까(32, 33절)?

4. 이삭이 불신자들에게 어떤 영향력을 끼쳤습니까? 그 비밀이 무엇일까요?

진정한 크리스천은 불신자들에게도 선한 영향력을 끼칩니다. 완전한 선이신 하나님을 모신 사람은 하나님을 닮아 선하게 변화되기 때문입니다. 진리이신 예수님을 모시고 살기 때문에 의로운 삶을 살게 됩니다. 의로운 삶을 살기 때문에 모든 사람들에게 인정받는 삶을 살게 됩니다. 신자들에게 인정받음은 물론이요, 불신자들에게도 인정을 받습니다.

이삭은 하나님 말씀에 순종하여 복을 많이 받았습니다(창26:2,12~14). 모든 사람들이 경제적 이유로 애굽으로 내려갈 때 이삭은 하나님 말씀에 따라 신앙적인 이유로 가나안 땅에 머물렀습니다. 하나님께서는 이삭의 순종을 보시고 큰 복을 내려주셨습니다. 이삭이 농사하여 백배의 수확을 올렸고 창대하고 왕성하여 마침내 거부가 되었습니다. 양과 소가 떼를 이루고 노복이 심히 많았습니다. 이방인들이 시기하여 이삭을 배척하였습니다. 우물을 메워버렸습니다. 또다시 우물을파면 또 메워버렸습니다. 경제적 큰 손실뿐만 아니라 까닭 없이 미워하고 시기하는 그 태도에 분개하지 않을 수 없었습니다. 그러나 이삭은 하나님을 경외하였으므로 행여나 하나님께 누가 될까봐 다투지 않고 조용히 물러났습니다. 그러나 이삭도 사람인지라 분노를 삭이고 참기 힘들었을 것입니다. 또다시 우물을 파야하는 수고를 할 때 속이 상했을 것입니다. 주위에 무슨 바보같이 그런 수모를 당해야 하는가라고 말할 때 참기 힘들었을 것입니다. 그러나 이삭은 하나님을 경외하는 사람이었습니다. 원수 문제를 하나님께 맡겨버렸습니다. 하나님을 위해서라면 어떤 모욕도 즐거이 당하고 어떤 수고도 기쁘게 감당하리라는 자세로 참고 기다렸습니다. 얼마 후 놀라운 일이 일어났습니다. 그 원수 같은 이들이 찾아와 화친조약을 맺자는 것이었습니다. 그들의 입에서 놀라운 고백이 나왔습니다. "여호와께서 너와 함께 계심을 우리가 분명히 보았다." "너는 여호와께 복을 받은 자니라." 불신자들이 이삭의 신앙과 인격에 감동된 것입니다. 하나님의 능력과 복을 누리는 이삭 앞에 나아와 무릎을 꿇은 것입니다. 이삭은 신앙과 인격과 능력으로 불신자들을 감화시켰습니다. 하나님의 이름을 높였습니다. 주님께서 모든 신자들에게 가르치신 바가 바로 이것입니다. "너희는 세상의 빛이라" "너희는 세상의 소금이라" "이같이 너희 빛을 사람 앞에 비치게 하여 저희로 너희 착한 행실을 보고 하늘에 계신 너희 아버지께 영광을 돌리게 하라"

불신자들을 원수같이 대하지 말고 긍휼과 사랑으로 대하여 그들을 감화시키기 바랍니다.

* 나누어 볼까요?

1. 당신은 주위에 사는 불신자들에게 어떤 영향력을 끼치고 삽니까?

합심기도합시다	불신자를 녹이는 사랑과 인내와 능력을 주시도록

진실한 신앙 친구

제 4 3 과

말씀
사무엘상 18:1~4

새찬송 / 옛찬송
401, 92 / 457, 97

외울말씀
잠언 27:17

당신에게 인생 상담을 할 친구가 있습니까? 인생을 살아가는데 친구가 꼭 필요합니다. 어떤 고민도 털어놓을만한 친구가 있으면 그 사람은 위장병 걸리지 않을 것입니다. 내가 잘못된 길을 갈 때 눈물로 나에게 좋은 충고를 해 줄 진실한 친구가 있다면 그 사람은 복된 사람입니다. 아직 그런 신앙 친구가 없다면 기도하고 만드시기 바랍니다.

"철이 철을 날카롭게 하는 것 같이 사람이 그 친구의 얼굴을 빛나게 하느니라"

✳ 같이 풀어봅시다

1. 다윗과 요나단의 우정이 어떠하였습니까(1, 3, 4절)?
   * 첫 눈에 반함. 하나님을 사랑하는 신앙, 원수 골리앗을 두려워하지 않은 용기에 감동됨. 마음과 마음이 연락됨, 자기 생명같이 사랑함.
   * 우정의 표시로 값진 선물을 함. 왕자의 겉옷, 군복, 칼, 활, 띠를 선물함.

2. 다윗이 힘들었을 때 요나단 왕자는 어떤 도움을 주었습니까(19:1, 2, 20:1~4, 40~42, 23:15~18)?
   * 다윗에게 위기가 닥쳤음을 알림(19:1, 2)
   * 다윗을 피신시키고 언약함(20:1~4, 40~42절)
   * 왕자인 요나단은 망명생활하고 있는 다윗을 찾아가 하나님을 힘 있게 의지하도록 신앙적인 도움을 줌

3. 다윗이 왕이 되어 요나단 왕자의 은혜를 어떻게 갚습니까(삼하 1:26, 9:1~13)?
   * 요나단의 죽음을 심히 슬퍼하며 국장으로 장례를 치름.
   * 요나단의 아들 므비보셋을 찾아 큰 재산을 주고, 많은 노비를 주고, 왕자들과 같이 왕의 식탁에서 식사하며 왕자의 대우를 함.

4. 친구의 사랑이 왜 그렇게 중요합니까(잠 27:17, 요 15:13~15)?

인생을 살아가는데 친구의 필요성은 두말할 필요가 없습니다. 사람은 정말 친구가 필요합니다. 훌륭한 부모님, 사랑하는 가족이 있다할지라도 친구가 채워줄 영역은 따로 있습니다. 그러므로 꼭 친구가 필요합니다. 친구는 비밀이 없습니다. 마음의 비밀을 나누는 자가 진정한 친구입니다. 남편과 아내는 매우 좋은 친구입니다.

기쁨을 함께 나눌 친구, 슬픔을 함께 나눌 친구, 마음의 깊은 고민을 숨김없이 털어놓을 수 있는 친구, 진실로 내 영혼을 사랑하여 나를 때려서라도 나를 깨우쳐 주고 바른 길로 인도해 줄 친구, 곁에만 있어 주어도 마음이 편하고 든든한 친구, 내가 정말 어려울 때 아낌없이 나를 도와줄 친구, 지구 반대편에 있어도 전화 한통이면 달려올 수 있는 친구, "어이, 나 지금 몹시 어려운 일을 만났어. 자네 도움이 필요해. 자세한 것은 만나서 이야기 할 터이니 지금 이리 오게나." "음, 알았어. 바로 감세." 이런 친구가 있다면 얼마나 행복하겠습니까? 아무리 가난해도 슬프지 않을 것입니다. 아무리 고민거리가 있어도 자살하려 하지는 않을 것입니다. 어떤 어려운 일을 만나도 서로 도와서 반드시 문제를 해결할 것입니다.

세상에 그런 친구가 어디 있습니까? 우리에게는 바로 그런 친구가 있습니다. 우리 주 예수님이십니다. 예수님은 우리를 위하여 생명을 바치셨습니다. 뿐만 아니라 하나님 우편에 계셔서 우리를 위해 기도해 주고 계십니다. 또한 성령을 보내시어 바로 우리 곁에 계시고 성경을 통하여 우리와 대화하고 계십니다. "나의 친구 예수님! 나를 위해 생명을 주신 예수님! 나와 항상 함께 하신 예수님!" 정말 고맙고 감사하지 않을 수 없습니다.

다윗과 요나단의 아름다운 우정은 우리 눈시울을 뜨겁게 합니다. 요나단 왕자가 다윗의 인물됨을 한눈에 알아보고 마음이 연락되어 자기 생명같이 사랑하였습니다. 값진 선물을 하였습니다. 아버지의 미움과 분노가 그들의 우정을 갈라놓지 못하였습니다. 힘들었을 때 요나단은 다윗을 찾아가 하나님을 힘 있게 의지하도록 신앙적인 도움을 주었습니다. 다윗은 그 진실한 우정을 가슴깊이 간직하였습니다. 요나단의 죽음 앞에 진정 슬퍼하며 "여인의 사랑보다 승한 내 형 요나단이여!" 눈물로 조사를 하며 장례를 치릅니다. 그리고 요나단의 아들 므비보셋에게 파격적인 왕자의 대우를 합니다. 진정 아름다운 우정이 아닐 수 없습니다.

우리는 교회 안에 그런 친구를 사귀어야 합니다. 목사님과 깊은 영적 교제를 나누십시오. 목사님에게도 친구가 필요합니다. 목사님은 좋은 친구가 되어 줄 것입니다. 교회 안에서 진실한 신앙 친구를 사귀었을 때 큰 보화보다 더 귀한 친구를 얻은 것입니다. 완전한 친구를 얻으려 좋은 친구를 놓치지 마시고 부족해도 친구를 사귀십시오. 내가 먼저 신뢰하고 사랑하고 섬기십시오. 그리하면 그도 나에게 좋은 친구가 될 것입니다.

＊ 나누어 볼까요?

1. 당신의 얼굴을 빛나게 하는 신앙 친구가 있습니까?

● 합심기도합시다 좋은 신앙 친구가 되어 주어 좋은 신앙 친구를 얻도록

전도의 열매가 풍성한 신자

제44과

말씀
사도행전 8:4~13

새찬송 / 옛찬송
516, 505 / 265, 268

외울말씀
사도행전 8:12

신앙생활의 열매 중의 열매는 역시 전도의 열매입니다. 전도의 열매를 맺게 될 때 신앙생활의 차원이 달라집니다. 항상 끌려 다니는 피동적인 신앙생활, 혹은 소극적인 신앙생활이 능동적이고 적극적인 신앙생활로 바뀌게 됩니다. 그리고 내면에 큰 기쁨이 있게 됩니다. 그러므로 내가 살기 위해서라도 전도의 열매를 꼭 맺어야 합니다.

"빌립이 하나님 나라와 및 예수 그리스도의 이름에 관하여 전도함을 그들이 믿고 남녀가 다 세례를 받으니"

✳ 같이 풀어봅시다

1. 모두가 스데반 순교로 인하여 집과 재신도 빼앗기고 피신할 때 빌립 집사는 어디로 가서 전도하였습니까(4, 5절)?

2. 빌립 집사의 전도 특징은 무엇이었습니까(6~12절)?
   * 핍박을 두려워하지 않고 담대히 전도(4절). 복음제일주의의 확고한 신앙이 있었음.
   * 그리스도를 전파함(5절). 즉 기독론, 구원론 중심의 전도.
   * 신유의 은사를 사용하며 능력을 보여주며 전도함(6, 7절). 병 고침을 접촉점으로 삼고 능력을 보여주며 복음을 증거함. 자기 은사를 발휘하여 전도함.
   * 사람들에게 큰 기쁨을 주는 전도(8절). 사람들의 내면의 영적 갈증을 풀어주며 전도함.
   * 마술쟁이와는 차별화된 전도(9~13절). 이교도나 이단과는 차별화된 전도 방식.
   * 결신을 시키는 전도(12절). 공중에 뿌리는 식의 전도가 아니라 심고 열매를 거두는 전도.

3. 전도를 잘 하지 못한 이유는 무엇일까요?

4. 전도를 잘 하려면 어떻게 해야 할까요?

예수님께서 사랑하는 제자들에게 "열매를 맺으라!"고 가르치셨습니다. 그 뜻은 먼저 예수님을 확실히 믿고 구원받으라는 말씀입니다. 그리고 예수님의 가르침을 잘 받아 성령의 열매를 맺으라는 말씀입니다. 더 나아가 복음을 전파하여 전도의 열매를 맺으라는 말씀입니다. 그러므로 열매 중의 열매는 전도의 열매입니다.

전도의 열매를 맺고 싶으나 맺지 못하는 이유는 무엇입니까? 거듭나지 못한 사람은 전도하기 어렵습니다. 예수님 안에 있는 놀라운 구원을 모르기 때문에 강하게 권면하지 못합니다. 그러나 천국을 확실히 본 사람은 지옥으로 가고 있는 사람에게 확실히 말할 수 있습니다. "그 길은 지옥 가는 길입니다. 이 길이 천국 가는 길입니다!" "예수님을 믿으십시오. 그리하면 당신과 당신의 가족들이 구원을 받아 천국에 갈 수 있습니다." 전도의 장애물은 막연한 두려움입니다. 성경을 잘 모른다는 두려움, 말을 잘 못한다는 두려움, 사람들이 나를 어떻게 생각할까 하는 염려 등이 전도하지 못하게 만듭니다. 처음에는 누구나 약간의 두려움이 있습니다. 그러나 믿고 순종하는 마음으로 부딪쳐 전도하다보면 두려움이 사라지고 자신감이 생기는 것입니다. 일단 시작해 보는 것이 중요합니다. 그리고 전도 잘하는 사람에게 전도 훈련을 받으면 더욱 효과적인 전도를 할 수 있습니다. 전도 못하는 가장 큰 이유는 역시 게으름입니다. 전도에 열정을 쏟지 아니하기에 전도를 못하는 것입니다. 전도 잘하는 사람을 보면 전도에 큰 가치를 부여하고 대단한 정열을 쏟는 것을 볼 수 있습니다. "전도는 주님에 대한 사랑이요, 영혼에 대한 사랑이다"는 말은 명언입니다. 전도는 사랑입니다. 주님을 진정 사랑하는 자, 영혼을 진정 사랑하는 자는 누가 뭐래도 꾸준히 전도하게 됩니다.

빌립 집사님은 스데반 순교로 멀리 피신하면서도 그 와중에 전도하였습니다. 복음의 은혜가 충만하였고 복음제일주의의 신앙이 투철하니 악조건을 뛰어넘는 것이었습니다. 예수님에 초점을 맞추어 전도하였고 자기 은사를 발휘하여 접촉점을 찾아 전도하였습니다. 요즘 현대인들의 관심 분야인 건강, 자녀교육, 찬양, 취미생활을 접촉점으로 전도할 때 많은 효과를 보고 있습니다. 현대인들의 내면의 갈증을 찾아 복음으로 치유해 줄 때 좋은 결과가 있습니다. 빌립 집사는 이교도나 이단자들과는 전혀 다른 순수한 복음의 능력으로 차별화를 시켰습니다. 그리고 확실히 결신을 시켜서 열매를 천국 창고에 모아들이는 전도를 하였습니다. 전도는 주님의 지상명령입니다. 열심을 내어 전도하여 주님을 기쁘시게 하기 바랍니다.

✲ 나누어 볼까요?

1. 당신은 ① 한 명도 전도 안 해봤음 ② 평생 1명 전도해봤음 ③ 매년 1명 이상은 전도함 ④ 매 달 1명 이상은 전도함 중에 어느 쪽입니까?
2. 가장 기억에 남는 전도는?

합심기도합시다	빌립 집사님처럼 전도 잘하는 신자 되게 하소서!

성령의 열매를 맺으라

말씀
갈라디아서 5:16~26
새찬송 / 옛찬송
185, 542 / 179, 340

외울말씀
갈라디아서 5:16

신자가 맺어야할 열매는 구원의 열매, 성령의 열매, 전도의 열매입니다. 성령의 열매란 성화된 모습입니다. 예수님을 닮아 변화된 새사람의 모습입니다. 하나님을 아버지로 모셨으니 하나님 자녀는 아버지를 본받는 것은 당연합니다. 성령의 열매를 풍성히 맺어 하나님을 기쁘시게 해 드리는 성도가 되시기를 간절히 기도합니다.

"내가 이르노니 너희는 성령을 따라 행하라 그리하면 육체의 욕심을 이루지 아니하리라"

✳ 같이 풀어봅시다

1. 신자가 거듭났음에도 불구하고 왜 죄를 짓는 것입니까?
   * 거듭남은 신분이 하나님 자녀로 변화된 것임. 모든 상태가 변화된 것은 아님. 그러므로 거듭난 후에 성화의 과정을 겪어야 함. 성화란 죄를 벗어버리고 예수님을 닮아 하나님의 형상을 회복하는 과정임.
   * 거듭났어도 아직 내 안에 죄의 욕망이 남아있고, 이 세상에 죄가 많아 신자를 유혹하고, 사탄이 신자를 유혹하기 때문에 신자는 거듭난 후에도 죄의 영향권 안에 있음.

2. 거듭난 신자를 괴롭히는 죄의 유혹, 즉 육체의 소욕은 무엇입니까(19~21절)?

3. 어떻게 그 죄의 유혹을 물리치고 성화될 수 있습니까(16~17, 24~26절)?

4. 성화된 사람은 성령의 열매를 맺습니다. 성령의 열매는 무엇입니까(22~23절)?

5. 성령의 열매를 풍성히 맺는 길은 무엇입니까(16절, 요 15:5,7)?

성숙한 신앙인의 모습은 어떠합니까? 성령의 열매를 풍성히 맺은 아름다운 모습입니다. 예수님을 본 것 같은 거룩하고 아름다운 모습입니다. "세상에 저런 놀라운 분도 다 있구나! 정말 그리스도를 닮은 분이로다." 여러 사람으로부터 칭찬을 받는 사람입니다. 우리는 그런 성령의 열매가 가득한 사람을 꿈 꾸고 있습니다. 어떻게 그런 사람이 될 수 있을까요?

먼저 성령의 열매에 가득한 사람 되기를 간절히 사모하십시오. 간절히 사모하면 언젠가는 그대로 됩니다. 그렇다면 성령의 열매란 무엇입니까? 성령의 열매는 성령님의 사역의 열매입니다. 성령님은 예수님을 계시하시고, 예수님의 인류구속 사역을 이루기 위해서 하나님과 예수님으로부터 보냄을 받은 하나님의 영, 그리스도의 영입니다. 성령님께서 하시는 일은 곧 예수님의 일입니다. 그러므로 성령의 열매는 예수님의 모습입니다. 예수님의 삶은 한마디로 사랑입니다. 거룩한 하나님의 사랑에 가득하여 하나님 사랑, 인간 사랑을 실천하는 아름다운 모습입니다. 예수님은 항상 하나님을 바라보며 감사하고 기뻐하십니다. 늘 하나님 품안에서 참 안식을 누리며 평화를 누립니다. 어렵고 힘든 일이 있어도 하나님의 인도하심을 기다리며 오래 참습니다. 곤경에 빠진 사람에게 자비를 베푸시며, 선을 행하시기를 기뻐하십니다. 변함이 없이 하나님께 충성을 다하며, 항상 하나님께 전폭적으로 맡기고 순종하는 온유한 성품으로 살며, 여러 유혹이 있어도 절제하며 하나님의 뜻을 행합니다.

성령의 열매를 맺으려면 먼저 확실히 거듭나야 합니다. 예수님을 나의 구주 나의 왕으로 모시고 주님께 절대적으로 순종해야 합니다. 육체의 소욕, 즉 죄짓고자하는 세상 욕망을 따르지 말고 나를 구원하신 예수님을 바라보고 성령님의 인도하심을 따라야 합니다. 이 거듭남의 기초를 확실히 할 때 성령의 열매를 맺게 됩니다. 성령의 열매를 풍성히 거두려면 말씀과 기도에 전념해야 합니다. 성경은 말합니다. "하나님의 말씀과 기도로 거룩하여 짐이니라"(딤전 4:5) 왜냐하면 성령님은 말씀을 통하여 역사하시며, 기도할 때 강하게 활동하시기 때문입니다.

하나님께서는 우리가 성령의 열매가 가득하여 하나님의 형상을 회복하여 변화된 새사람이 되기를 간절히 바라고 계십니다. 그러므로 때로는 죄와 피 흘리기까지 싸우며, 밤을 새워 성경공부하며, 눈물로 기도하고 성령님께 순종하여 성령의 열매가 가득한 신자가 되어야겠습니다.

1. 당신은 ① 성령의 열매를 못 맺는 자 ② 성령의 열매를 빈약하게 맺은 신자 ③ 성령의 열매를 잘 맺다가 떨어져 버린 신자 ④ 성령의 열매를 풍성히 맺는 신자 중에 어느 쪽입니까?

🔵 합심기도합시다 　성령의 열매가 가득하여 하나님을 기쁘시게 해드리고 교회에 기쁨을 주는 사람 되도록

하나님을 인하여 감사

제46과

말씀
하박국 3:17~19

새찬송 / 옛찬송
287, 591 / 205, 310

외울말씀
하박국 3:18

진실로 하나님을 만난 사람들의 특징은 감사하는 모습입니다. 하나님을 떠난 사람들의 가장 두드러진 특징은 감사를 잃어버림입니다(롬 1:21). 하나님이 없는 사람의 영혼은 공허합니다. 그러나 하나님을 모신 사람은 비록 환경이 좋지 못해도 하나님을 인하여 감사합니다. 비록 가난하고 부족해도 감사하며 사는 사람이 진실로 행복한 사람입니다.

"나는 여호와를 인하여 즐거워하며 나의 구원의 하나님을 인하여 기뻐하리로다"

✳ 같이 풀어봅시다

1. 하박국 선지자는 생각이 깊은 사람이었습니다. 그의 고뇌와 불만이 무엇이었습니까(1:2~4)?
   * 사회에 정의가 사라짐. 악이 들끓고 있는데 기도하여도 고쳐지지를 않음.
   * 정의감이 넘치고 사회적 책임감이 뛰어나나 시야가 좁음.

2. 불만 많은 하박국 선지자가 어떻게 감사하는 사람이 되었습니까(2:1~4)?
   * 간절히 기도하여 하나님의 응답을 받음으로. 믿음이 크게 성장하여 하나님의 음성을 듣게 되었고 하나님 말씀으로 인하여 영적시야가 크게 열리게 됨으로 감사하게 됨. 역사를 주관하신 하나님께서 다 알고 계시며, 불의의 세력을 다 진멸하시며, 초월적인 능력으로 해결하실 것을 깨닫게 됨으로 감사하는 사람이 됨.

3. 하박국 선지자가 어떤 열악한 상황에서 무슨 이유로 감사합니까(17, 18절)?
   * 열악한 상황: 농사가 잘 안되어 최악의 상황임. 목축업 다 망하게 되었음.
   * 하나님을 인하여 감사. 하나님의 구원을 인하여 감사.

4. 하박국 선지자가 어떤 비전을 갖게 되었습니까(19절)?
   * 험산준령, 낭떠러지, 비탈길을 거침없이 달리는 사슴 같은 삶, 초월적인 하나님의 은혜의 삶의 비전을 갖게 됨.

신앙생활의 기본은 감사입니다. 위대하신 하나님을 만난 사람이 감사와 기쁨이 없다는 것은 기이한 일입니다. 창조주 하나님을 아버지로 모신 사람은 그저 감사하고 그저 기쁩니다. 그래서 감사는 신앙생활의 기본입니다.

그러나 하나님과 분리되어 하나님 없이 사는 사람들의 특징은 불평입니다. 하나님 없는 사람들은 마음에 기쁨이 없기에 불평합니다. 마음에 하나님이 없기 때문에 근본적인 불안이 있습니다. 실존주의 철학자들이 "인간의 본질은 불안이다"고 외친 것은 바로 이러한 이유 때문입니다. 하나님 없는 사람들은 마음의 공허를 메우기 위하여 능력 있어 보이는 것들로 공허한 마음을 채웁니다. 그것이 곧 우상숭배입니다. 그래서 인간은 자기보다 못한 돌, 나무, 자기가 만든 공예품, 해, 달, 별, 산, 강, 바위, 고목, 조상신 등을 숭배하는 것입니다. 자기보다 못한 피조물을 숭배하는 것은 심히 어리석은 짓입니다. 그리하여도 인간들 마음의 불안과 공포는 사라지지 않습니다. 그러한 불안한 삶을 살던 인간이 창조주 하나님을 아버지로 모실 때 환희와 감격을 체험케 됩니다.

하박국 선지자는 정의감이 넘치는 사람이었습니다. 도덕이 땅에 떨어지고 불의가 판치는 세상을 개탄하며 열심히 기도하였습니다. 그러나 조금도 개선되는 것이 없었습니다. 기도도 아무 소용없는 것처럼 보였습니다. 그러나 문제의식을 가지고 계속 기도하였습니다. 그 때 하박국 영안이 열리게 되었습니다. 초월자 하나님의 음성을 듣게 되었습니다. 하나님은 다 알고 계셨으며, 불의의 세력을 멸하시고자 계획을 세워놓고 계셨습니다. 위대한 하나님의 말씀 앞에 영적 시야, 영원 속에서 현실을 투시하는 시야가 툭 터진 것이었습니다. 하나님의 시야로 현실을 바라보니 그저 감사할 것 밖에 없었습니다. 비록 농사가 잘 안되고, 목축업이 망하게 되었어도 영광의 하나님을 인하여 감사하게 되었습니다. 초월자 하나님의 구원의 운세를 체험하자 초월적인 기쁨이 가슴속에 차고 넘쳤습니다. 그리고 하나님의 초월적인 은혜로 새 비전을 갖게 되었습니다. 험산준령, 낭떠러지, 비탈길을 거침없이 달리는 사슴처럼 초월적인 삶을 살게 될 비전을 본 것입니다. 하나님의 시야를 가지고 현실을 바라보십시오. 그리고 하나님을 인하여 감사하십시오. 하나님 은혜에 감사하며 감사헌금도 듬뿍하십시오. 초월적인 은혜를 가슴에 안고 초월적인 삶을 사시기를 기도합니다.

※ 나누어 볼까요?

1. 내 입에서 불평이 사라지고 감사가 쏟아지려면 어떻게 해야 합니까?

🔵 **합심기도합시다** | 하나님을 인한 큰 감사가 마르지 않도록

열매가 풍성한 신자

제 4 7 과

말씀
요한복음 15:1~17
새찬송 / 옛찬송
95, 197 / 82, 178

외울말씀
요한복음 15:8

한 해 결실을 수확하고 감사하는 11월입니다. 조용히 지난 한 해를 뒤돌아보고 하나님 앞에 감사하는 때요 마지막 온 힘을 다해 끝마무리를 잘 하여 열매를 거두는 때입니다. 예수님은 십자가에 돌아가시기 전날 밤 사랑하는 제자들에게 "열매를 맺으라!" 말씀하셨습니다. 열매 없는 신자가 되지 말고 열매가 풍성한 신자가 되도록 귀한 말씀을 주셨습니다.

"너희가 열매를 많이 맺으면 내 아버지께서 영광을 받으실 것이요 너희는 내 제자가 되리라"

✳ 같이 풀어봅시다

1. 예수님께서 제자들을 택한 목적이 무엇입니까(16절)?
* 열매를 맺기 위함. 한번 맺고 끝나는 것이 아니라 계속 맺어 항상 있게 하기 위함.

2. 그 열매란 무엇입니까(9, 11절, 16:33)
 * 열매는 영생(17:2, 3) 곧 구원의 열매, 성령의 열매(9절 사랑, 11절 기쁨, 16:33절 평안), 전도의 열매(마 28:19).

3. 열매를 풍성히 맺는 길이 무엇입니까(2~3, 4~6, 7, 9~10절)?

4. 열매를 풍성히 맺는 결과는 무엇입니까(8, 16절)?

예수님께서 우리를 선택하신 목적은 '열매를 맺기 위함' 이라고 분명히 밝혀주고 있습니다. 농부가 포도나무를 심는 목적은 포도 열매를 거두기 위함일 것입니다. 예수님께서 이 세상에 오셔서 복음을 전파해 주시고 우리를 위해 대신 십자가에 죽으시고 부활하셔서 믿는 자에게 영생을 주심은 분명히 목적이 있습니다. '열매를 맺기 위함' 입니다.

그 열매란 무엇입니까? '구원' 과 '하나님께 영광 돌림' 입니다. 좀 더 구체적으로 말하면 우리가 맺어야 할 열매는 첫째 영생의 열매입니다. 예수님을 잘 믿어 구원받아 영생을 얻는 것입니다. 우리가 구원의 열매를 맺으면 하나님께서 기뻐하십니다. 둘째 성령의 열매입니다. 예수님을 믿고 순종하여 예수님을 닮아 천국의 기쁨을 누리는 것입니다. 즉 신앙과 인격이 성숙하여 하나님의 기쁨이 되는 것입니다. 셋째 전도의 열매입니다. 복음을 아는 자는 복음을 전파하지 않고 견딜 수 없습니다. 주님의 지상명령에 순종하여 복음을 전파하여 다른 영혼을 구원받게 한다면 하나님께서 매우 기뻐하실 것입니다.

그러면 어떻게 열매를 맺을 수 있습니까?

먼저 예수님 안에 거해야 합니다. '예수님 안에 거하는' 것은 예수님을 구주로 모시어 예수님과 연합함입니다. 다른 표현으로 하면 예수님께 접붙임 되는 것입니다. 포도나무 가지가 포도나무로부터 영양분과 물을 공급받듯이 주님과 영적교통을 통하여 주님의 사랑과 말씀을 공급받음을 말합니다. 개인 성경공부, 큐티, 개인기도 등을 통하여 주님으로부터 계속 영적생명을 공급받는 사람은 열매를 맺습니다. 다음으로 전정 곧 가지치기를 해야 합니다. 영적인 가지치기는 방만한 삶을 정리하여 단순하게 믿음생활하는 것을 말합니다. 그다음 말씀과 기도로 주님의 계명인 사랑을 실천하는 것입니다. 주님과 깊은 영적 교통을 나누며 주님의 거룩한 사랑을 가슴에 안고 다른 영혼을 사랑하고 살 때 열매를 맺게 됩니다. 예수님 사랑을 실천하여 다른 영혼이 구원 받도록 도울 때에 하나님께 영광을 돌리는 것입니다.

이러한 삶을 살면서 신앙과 인격이 성장합니다. 하나님과 깊은 영적 교통이 이루어질 때 기도하여 응답받게 됩니다. "내 이름으로 아버지께 무엇을 구하든지 다 받게 하려 함이라" 하나님의 사랑을 받으며 기도 응답을 받을 때 인생을 사는 큰 보람을 느끼게 될 것입니다. 신앙이 성장하면서 열매를 맺으며, 열매를 맺으면서 신앙이 성장하는 것입니다.

＊ 나누어 볼까요?

1. 금년 당신이 맺은 열매는 무엇입니까?

2. 당신이 열매를 맺기 위하여 무엇이 가장 필요합니까?

합심기도합시다	주님 말씀대로 풍성한 열매를 맺게 하소서!

봉사의 열매를 풍성히 맺는 신자

제 4 8 과

말씀
로마서 12:3~13
새찬송 / 옛찬송
292, 330 / 415, 370

외울말씀
로마서 12:11

열매에 한 가지가 더 있습니다. 일의 열매입니다. 특히 남성들은 평생에 하고 싶은 일을 찾아 목표한 일을 성취했을 때 짜릿한 행복감을 맛봅니다. 우리가 힘써 하는 일을 잘 성취하여 하나님께 영광 돌림은 매우 가치 있는 일입니다. 특히 교회에서 직분을 맡아 봉사의 일의 열매를 맺는 신자는 하나님의 큰 상급을 받을 것입니다.

"부지런하여 게으르지 말고 열심을 품고 주를 섬기라"

❈ 같이 풀어봅시다

1. 교회의 통일성(Unity)과 다양성(Diversity)을 잘 나타내는 비유는 무엇입니까(4, 5절)?

2. 하나님께서 교회에 주신 직분에는 어떤 것들이 있습니까(6~8절)? 그 하나님께서 주신 직분들을 어떻게 해야 합니까?

3. 하나님의 일을 잘하여 열매를 거두려면 어떤 자세가 필요합니까(9~13절)?
   * 사랑(9, 10절). 거짓이 없는 사랑을 가지고 직분을 감당할 때 본인도 즐겁고 보는 이들도 기쁨. 그러므로 봉사의 열매를 거두는데 있어 진실한 사랑은 생명과 같은 것임. 형제애, 가족애를 가지고 일할 때 아름다운 동역을 할 수 있고 동역자들에게 큰 힘을 줌.
   * 충성. 곧 근면과 열심. 일의 추진력은 근면에서 나옴. 열심 없이 성공을 거둘 수 없음.
   * 기도. 비전을 가지고 기도하고 어려운 일을 만날 때 기도로 극복해 나감.
   * 섬김. 하나님 일의 본질은 섬김임. 섬기는 자세로 일하면 처음에는 힘들어도 금방 좋아지게 됨. 섬기기로 마음먹으면 힘든 일도 즐거운 일로 바뀌게 됨.

4. 봉사의 열매를 거둘 때 주님의 칭찬과 상급은 무엇입니까(마 25:21)?

사람은 일하고 안식하는 존재로 지음 받았습니다. 그래서 나의 사명을 찾아 사명감 있게 일하여 열매를 맺을 때 성취감을 맛볼 수 있습니다. 그 성취감이 곧 행복입니다. 우리 그리스도인들은 하나님께서 주신 사명을 잘 감당하여 하나님께 영광 돌릴 때 은혜가 충만하게 됩니다. 그러므로 일의 열매를 맺는 것이 중요합니다.

주님께서 우리를 거듭나게 하시고 교회로 부르셨습니다. 교회와 신자는 마치 우리 몸과 지체와 같습니다. 지체가 모여 몸을 이룹니다. 몸은 각 지체에 영양분을 공급하여 활동하고 성장하게 만듭니다. 지체는 몸의 영양분을 공급받아 자기 기능을 다하여 몸을 이롭게 합니다. 눈은 보는 기능으로 몸을 보호, 인도합니다. 귀는 소리를 듣고, 코는 숨을 쉬고 냄새를 맡고, 입은 음식을 먹고 숨을 쉬는 기능을 수행하여 몸을 이롭게 합니다. 이와 같이 몸과 각 지체는 유기적 관계를 가지고 긴밀하게 서로 돕고 도움을 받습니다. 그러면 교회에서 봉사의 열매를 맺으려면 어떻게 해야 합니까?

먼저 하나님께 영광 돌리는 믿음과 자세가 중요합니다. 교회는 사람들의 유익을 위한 조직이 아니라 하나님의 교회입니다. 그러므로 하나님께 영광을 돌리고자 하는 목적의식을 분명히 하고 봉사할 때 좋은 결과가 있게 됩니다. 그리고 "하나님께서 모든 사람에게 은사를 주셨다." "모든 은사는 교회를 유익되게 사용되어야 한다."는 은사관을 분명히 하고 은사를 불일듯이 하여 충성을 다할 때 하나님께서 지혜와 능력을 주셔서 '일의 열매'를 맺게 합니다.

교회에서 봉사할 때 마음가짐과 태도가 중요합니다. 먼저 거짓이 없는 진실한 사랑으로 봉사할 때 일 자체가 즐겁고 교회에 선한 영향력을 끼치게 됩니다. '형제애' '가족애'를 가지고 하나님의 영광을 위해 일할 때 하나님께서 기뻐하시고 봉사의 열매를 맺게 해 주십니다. 근면 성실하며 열정적으로 일할 때 풍성한 열매를 거두게 됩니다. 아무튼 일은 부지런히 열심히 노력해야 합니다. 열심히 일할 때 좋은 결과가 있기 마련입니다. "부지런하여 열심을 품고 주를 섬기라" 봉사에 중요한 것이 있으니 기도입니다. 기도할 때 비전이 새로워집니다. 기도할 때 어려운 일도 참고 극복할 수 있습니다.

사랑하는 성도 여러분! 교회에서 직분을 받아 하나님을 섬기는 일은 큰 복입니다. 감사하며 섬기는 자세로 열심히 봉사하셔서 풍성한 열매를 맺어 은혜로운 교회생활을 하시기 바랍니다.

1. 당신은 교회에서 얼마나 열심히 일합니까? 봉사의 열매를 얼마나 맺고 있습니까?

🔵 합심기도합시다 | 하나님 영광을 위하여 열정적으로 봉사하여 많은 열매를 맺도록

진심으로 용서하라

제 4 9 과

말씀
마태복음 18:21~35
새찬송 / 옛찬송
261, 146 / 195, 146

외울말씀
마태복음 18:35

한해가 저물어 갑니다. 언젠가는 우리의 지상 인생도 이와 같이 끝날 날이 올 것입니다. 한해를 마치면서 정리할 것은 정리하고 새 해를 맞이해야겠습니다. 우선 마음속의 맺힌 것을 풀어야겠습니다. 주님은 "용서하라"고 말씀하십니다. 진실한 크리스천은 용서할 줄 아는 사람입니다.

"너희가 각각 마음으로부터 형제를 용서하지 아니하면 나의 하늘 아버지께서도 너희에게 이와 같이 하시리라"

✳ 같이 풀어봅시다

1. 예수님께서 범죄한 형제를 올바른 길로 도와주라는 말씀을 하실 때 베드로가 무슨 질문을 하였습니까(21절)? 예수님은 베드로 질문에 어떻게 답변하셨습니까(22절)?
    * 일곱 번을 일흔 번 : 490번이란 말이 아니라 완전수의 완전수에다 열 번을 더한 수이므로 끝없이 용서하라는 말씀임.

2. 용서의 교훈을 깨우치기 위한 '빚 탕감의 비유'에서 임금과 종들은 각각 누구를 가리킵니까(23절)?
    * 탕감 : 빚을 다 없애 줌.

3. 임금께서 빚진 종에게 얼마의 빚을 왜 탕감하여 주었습니까(24~27절)?
    * 1달란트 : 6,000 데나리온. 1데나리온은 장정의 하루 품값이므로 5만 원으로 계산하면 1달란트는 3억, 10만 원으로 계산하면 6억 원이 됨. 만 달란트는 3조 원, 혹은 6조 원이 됨.

4. 탕감 받은 종이 왜 임금에게 붙잡혀 가서 무서운 벌을 받았습니까(28~34절)?

5. '빚 탕감의 비유'의 핵심 교훈은 무엇입니까(35절)?

벌써 한해가 저물어 가는 12월입니다. 관공서, 회사, 단체마다 일 년 결산하느라 매우 바쁩니다. 한 해를 보내면서 정리할 것을 정리하고 희망찬 새해를 맞이하려고 분주히 결산합니다. 신앙 생활하는 우리들도 일 년을 영적으로 결산해 보고 반성할 것은 반성하고 잘한 것은 감사하며, 정리할 것은 정리하여 희망찬 새해를 맞아야겠습니다. 특히 정리할 것 가운데 가슴에 맺힌 것들을 풀어버려야겠습니다. 잘못한 것은 용서를 빌고, 용서를 받아 가벼운 마음으로 새해를 맞아야겠습니다.

파괴된 인간관계를 회복하는 길은 용서입니다. 사람이 살다보면 관계가 좋을 때도 있지만 나쁠 때도 있습니다. 사소한 말로 인한 섭섭함, 농담으로 한 말에 마음에 상처가 됨, 본의 아니게 왜곡되어 와전된 말로 소원해짐, 부지 중 실언에 고통을 받음, 홧김에 던진 말에 깊은 상처를 입은 일 등이 많습니다. 또 우리의 인격이 부족하여 해칠 의도는 없었지만 불필요한 오해와 아픔이 있을 수 있습니다. 우리 인간은 불완전한 존재이기 때문에 이런 아픔과 어려움이 일어날 수 있습니다. 그런데 섭섭함과 아픔을 가지고 언제까지 살아야 합니까? 아닙니다. 반드시 풀어야 합니다. 불신자들도 실컷 싸우다가도 막걸리를 마시면서 "형님, 제가 잘못했습니다. 이 못난 아우 용서바랍니다." 용서를 빌고 용서하며 이전보다 더 가까운 사이가 되어 지냅니다. 그런데 하나님을 모신 하나님의 자녀, 거룩한 하나님의 백성들이 상대방의 실수를 용서 못하고 사는 것은 매우 부끄러운 일입니다.

예수님은 단호하게 말씀하십니다. "용서하라" "몇 번이나 용서해야 합니까?" "일곱 번 씩 일흔 번이라도 용서하라" 예수님의 탕감의 비유는 용서하지 않고 쓴 뿌리를 품고 사는 크리스천들을 심히 부끄럽게 합니다. 만 달란트는 매우 큰 금액입니다. 장정 하루 품값을 5만원으로 계산하면 한 달란트가 3억 원이 됩니다. 그러므로 만 달란트는 3조 원이 되는 거액입니다. 만 달란트의 빚을 진 사람이 도저히 빚 갚을 길이 없으므로 임금님은 불쌍히 여겨 전액을 탕감하여 주었습니다. 실로 엄청난 은혜가 아닐 수 없습니다. 그런데 이 종이 자기에게 백 데나리온 즉 500만원 빚을 진 사람의 목을 잡고 모질게 괴롭히고 감옥에 쳐 넣어 버립니다. 이 사실을 안 임금님은 만 달란트 탕감을 받고도 작은 빚진 자를 모질게 대하는 악한 종을 붙잡아 큰 벌을 내립니다.

우리 신자들은 만 달란트 탕감을 받은 은혜 받은 자입니다. 설사 우리에게 손해를 끼치고 해를 입었을지라도 그들을 용서하고 삽시다. 잘못한 것이 있으면 과감히 용서를 빌고 용서를 비는 자를 용서합시다. 거룩한 하나님의 자녀들이 막걸리 사랑만도 못한대서야 말이 됩니까? 큰 잘못이 있어도 용서를 빌고, 용서하고, 서로 얼싸안으며, 하나님의 사랑으로 삽시다. 아멘

❋ 나누어 볼까요?

1. 당신은 용서를 빌고, 용서할 일이 있습니까?

◉ 합심기도합시다 | 가슴에 맺힌 것 다 풀어버리고 희망찬 새해를 맞도록

충성되고 지혜 있는 종

제 5 0 과

말씀
마태복음 24:45~51
새찬송 / 옛찬송
175, 216 / 162, 356

외울말씀
마태복음 24:45

예수님은 종말이 올 것을 말씀하신 후 "깨어 있으라"(마24:42)고 말씀하신 후 충성되고 지혜 있는 종이 되도록 말씀하셨습니다. 최후 심판 때 평가 기준이 무엇입니까? 믿음 유무와 충성 정도입니다. 주님의 교훈을 잘 배워 충성되고 지혜 있는 종이 되기를 바랍니다.

"충성되고 지혜 있는 종이 되어 주인에게 그 집 사람들을 맡아 때를 따라 양식을 나눠줄 자가 누구냐"

✳ 같이 풀어봅시다

1. 예수님께서 말씀하신 충성된 종은 어떤 사람입니까(45절)?

2. 충성된 종에게 무슨 상이 있습니까(46, 47절 ; 마 25:21)?

3. 악한 종은 어떻게 생각하며 어떻게 삽니까(49, 49절)? 그래서 어떤 벌을 받습니까(50, 51절)?

4. 신자는 주님의 재림을 어떻게 준비하고 있어야 합니까?

하나님의 구원의 은혜를 받은 하나님의 자녀들은 어떻게 살아야 합니까? 구원받은 사람답게 살아야 합니다. 구원의 은혜에 감사하며, 죄짓지 말고 살아야 합니다. 특히 구원의 하나님께 충성을 다하며 살아야 합니다. 하나님께서는 그리스도의 재림을 약속하여 주셨습니다. 그리스도의 재림 시에는 구원의 완성과 최후심판이 있습니다. 주님을 만날 꿈을 꾸며 최후심판을 대비하며 충성스럽게 살아야 됩니다.

충성스럽게 사는 사람은 어떤 생각을 가지고 어떻게 삽니까? 신부가 신랑을 기다림 같이 혹은 충성된 종이 주인을 기다림 같이 다시 오실 주님을 생각하며 삽니다. 충성된 사람은 주인 말씀에 순종을 최고의 기쁨으로 여깁니다. 충성제일주의의 확고한 신념을 가지고 충성을 다합니다. 충성된 사람은 주인에 대한 태도가 분명합니다. 많은 사람들이 변심하여 딴 길로 갈지라도 충성스러운 사람은 마음 변치 않고 일편단심으로 주님께 충성을 다합니다. 충성된 종은 열심을 다하고 지혜를 다하여 주인께 명하신 일을 이루려고 애씁니다. 때로는 밤잠을 자지 않고 부지런히 일합니다. 주인께서 곧 오실 것처럼 깨어 열심히 일합니다. 주인이 갑자기 돌아왔을 때에도 당황하지 않습니다. 항상 주인 오실 것을 대비하고 살았기 때문에 당황하지 않습니다. 주인은 착한 청지기의 충성된 모습에 매우 기뻐하며 칭찬하고 상을 내립니다. 충성된 종을 더욱 신임하고 더 많은 소유를 맡깁니다.

악한 종은 그렇지 않습니다. 주인에 대한 잘못된 생각을 갖고 있습니다. 주인이 더디 오리라고 자기 멋대로 생각합니다. 주인의 참 뜻을 알지 못합니다. 주인의 뜻을 이루기 위해 살지 않고 자기 생각대로 살아버립니다. 동료들을 때립니다. 술친구들과 먹고 마십니다. 게으름을 피웁니다. 열심히 일하지 않습니다. 여기저기 정리되지 않고 엉망입니다. 그래서 갑자기 주인이 왔을 때에 심히 당황합니다. 생각하지 않은 날, 알지 못하는 시각에 주인이 와서 악한 종을 엄히 책망합니다. 그리하여 악한 종은 엄한 벌을 받고 슬피 울며 이를 갈고 후회하게 됩니다.

사랑하는 성도님, 충성스러운 교회의 일꾼이 되십시오. "부지런하여 게으르지 말고 열심을 품고 주를 섬기라"(롬 12:11) 주님께 칭찬받고 상급 받는 충성되고 지혜 있는 종이 되시기를 간절히 바랍니다.

※ 나누어 볼까요?

1. 오늘 밤 주님께서 재림하신다면 당신은 주님을 어떻게 맞이하겠습니까?

> ● 합심기도합시다　　"죽도록 충성하라"는 말씀대로 충성을 다하는 주님의 일꾼이 되도록

성육신의 은혜

말씀
요한복음 1:1~18
새찬송 / 옛찬송
115, 122 / 115, 122

외울말씀
요한복음 1:14

성탄절이 다가옵니다. 지구의 최대 명절인 성탄절은 온 인류에게 큰 기쁨을 줍니다. 각 가정마다 하나님의 아들 예수 그리스도의 탄생을 통해 큰 은혜가 함께 하시기를 빕니다. 그리스도께서 이 세상에 오신 참뜻을 깨달을 때 성탄의 참 기쁨을 맛볼 수 있습니다. 사도 요한이 전하는 성탄의 참뜻을 공부해 봅시다.

"말씀이 육신이 되어 우리 가운데 거하시매 우리가 그의 영광을 보니 아버지의 독생자 영광이요 은혜와 진리가 충만하더라"

❋ 같이 풀어봅시다

1. 말씀이 언제 어디에 있었습니까(1절)? 그 말씀은 누구입니까(14절상)?
    * 말씀 : 헬라어로 로고스(Logos). '우주의 근원이 되는 최고 진리'라는 뜻. 말씀은 속의 생각을 밖으로 드러냄. 그러므로 말씀은 은밀한 중에 계신 하나님의 계시자. 하나님의 말씀은 곧 진리.

2. 그 말씀이 하는 일은 무엇입니까(3, 4~5절)?

3. 성부 하나님과 함께 계시던 말씀이 이 세상에 어떻게 나타났습니까(14절)? 말씀이 육신이 되어 오신 그 모습이 어떠하였습니까?

4. 성육신의 은혜를 깨달은 사람들의 고백이 무엇입니까(16절)? 예수 그리스도는 율법과 어떻게 다릅니까(17, 18절)?

기쁘다, 구주 오셨네! 성탄절은 우리 가슴을 설레게 만듭니다. 하나님도 모르고 무지와 죄 속에서 죽어갈 수밖에 없는 우리를 구원하러 오신 우리 예수님을 생각하면 그저 감사하고 그저 기쁩니다. 이 기쁜 계절에 성탄의 참뜻을 깨닫고 나면 영혼의 감격이 옵니다. 그 영혼의 감격을 가지고 찬송을 부르며 예배를 드릴 때 영적 황홀감에 젖게 됩니다. 이번 성탄절에 성육신의 은혜를 깨닫고 그 영적 환희에 젖어 보시기 바랍니다.

성육신의 은혜가 무엇입니까?

먼저 창조주 하나님의 아들이 지구에 오신 것입니다. 하나님의 아들은 성부 하나님과 함께 우주를 창조하셨던 분입니다. 성자 하나님께서 인류를 구원하시고 나를 구원하시러 이 세상에 오신 것입니다. 참으로 놀라운 일이 아닐 수 없습니다. 하나님은 영이시므로 눈으로 볼 수도 없고 만질 수도 없어서 영적으로 무지해진 인간은 하나님의 존재조차도 모를 지경에 이르렀던 것입니다. 그래서 하나님께서는 자신을 한없이 낮추시어 인간이 되어 이 세상에 자신을 나타내신 것입니다. "빌립이 이르되 주여 아버지를 우리에게 보여 주옵소서 그리하면 족하겠나이다. 예수께서 이르시되 빌립아 내가 이렇게 오래 너희와 함께 있으되 네가 나를 알지 못하느냐 나를 본 자는 아버지를 보았거늘 어찌하여 아버지를 보이라 하느냐" 창조주 하나님을 보고 만났으니 이제 죽어도 한이 없나이다. 아멘.

인간의 몸을 입고 오신 예수님을 통해 우리 인류는 하나님의 존재, 하나님의 성품, 하나님의 뜻, 하나님의 지극한 사랑을 확신할 수 있습니다. 뿐만 아니라 그분을 영접하는 자는 모든 죄를 다 용서받고 하나님의 자녀가 되는 말로 다할 수 없는 은혜를 받습니다. 우주의 근본이시오, 우주의 궁극적 목적이 되시는 초월자 하나님을 내 맘 속에 모셨으니 은혜 위에 은혜입니다.

구약의 하나님 백성들은 하나님께서 주신 율법을 받고 감격했습니다. 율법은 하나님의 뜻을 계시하나 죄인을 살려주지는 못합니다. 그러나 인격화된 진리인 예수 그리스도는 각 사람을 사랑하시고 그들 눈높이에서 영원한 진리를 깨우쳐 주심으로 연약한 죄인들도 은혜 받고 그리스도의 장성한 분량에 이르게 해 주신 것입니다. 은혜 위에 은혜로다. 아멘.

이번 성탄절에 성육신의 은혜를 깊이 깨닫고 하나님의 거룩한 사랑을 가지고 저 낮은 곳을 향하여 내려가서 사랑을 베풀어 보시기 바랍니다.

✷ 나누어 볼까요?

1. 성육신의 은혜를 깊이 깨달으려면 어떻게 해야 합니까? ① 성탄 말씀공부 ② 깊은 감사 기도 ③ 성육신의 사랑을 안고 사랑의 실천 ④ 경배와 감사의 예물

⬤ 합심기도합시다 | 우리 교회와 가정, 나라에 성육신의 은혜가 가득하도록

다시 도전하라

제 5 2 과

말씀
누가복음 5:1~7

새찬송 / 옛찬송
400, 302 /463, 408

외울말씀
누가복음 5:4

한해가 저물어 갑니다. 감사한 일, 기쁜 일, 후회할 일, 슬픈 일을 뒤로한 채 한 해가 저물어 갑니다. 한해를 보내면서 "다시 도전하라"는 말씀을 붙들고 한해를 정리하고 새해를 맞이하기 바랍니다.

"말씀을 마치시고 시몬에게 이르시되 깊은 데로 가서 그물을 내려 고기를 잡으라"

✳ 같이 풀어봅시다

1. 예수님께서 바닷가에서 무리를 모아놓고 부흥회를 하고 있을 때 시몬 베드로는 무엇을 하고 있었습니까(1, 2절)?

2. 시몬 베드로는 밤새도록 무슨 수고를 하였습니까(5절)? 그렇게 수고하였지만 결과는 무엇이었습니까?

3. 밤새도록 수고하였지만 실패한 시몬에게 주님은 무슨 말씀을 주셨습니까(4절)? 주님 말씀에 순종하기 어려운 점은 무엇이었습니까?

4. 계속 헛 그물질만하고 실패하던 시몬이 어떤 놀라운 성과를 올렸습니까(6, 7절)? 그 비결은 무엇입니까?

5. 계속 실패하던 사람이 놀라운 성공을 거둘 수 있는 비결은 무엇입니까?

세월이 참 빠릅니다. 벌써 한해가 지나가다니? 한 해 동안 열심히 일하여 많은 성과를 거둔 사람은 흐뭇하겠지만 그렇지 못한 사람은 씁쓸한 기분을 갖습니다. 큰 희망으로 출발한 한해가 많은 아쉬움을 남기며 저물어 갑니다. 우리를 허전하게 만드는 것은 다름 아닌 이루고자 했던 일을 이루지 못함 때문입니다.

시몬 베드로가 그러하였습니다. 갈릴리 바닷가에서 성장한 시몬은 매우 숙련된 어부였습니다. 그러나 물때를 맞추지 못해서인지 밤새도록 수고하였지만 얻은 것이 없었습니다. 많은 시간, 많은 정력, 많은 물자를 투자했건만 아무런 성과를 거두지 못했을 때 그 허전함이란 이루 말할 수 없습니다. 그러나 시몬은 워낙 성실한 사람이어서 허전한 마음을 추스르고 다시 내일을 기약하며 그물을 씻고 있었습니다. 그렇게 계속 헛 그물질을 하며 실패하던 시몬 베드로가 실패 직후 놀라운 성공을 거두었습니다. "고기를 잡은 것이 심히 많아 그물이 찢어지는지라 이에 다른 배에 있는 동무들에게 손짓하여 와서 도와 달라하니 그들이 와서 두 배에 채우매 잠기게 되었더라"(6, 7절) 계속 실패하던 시몬이 어떻게 그런 놀라운 성공을 거둘 수가 있었습니까?

전능하신 주님의 도우심을 받았기 때문입니다. 좀 더 자세히 살펴보면 먼저 주님의 음성을 들었습니다. "네 배를 빌려 달라" 시몬은 주님의 부탁을 거절하지 않았습니다. 그런데 주님은 또 말씀하셨습니다. "깊은 데로 가서 그물을 내려 고기를 잡으라" "다시 도전하라!" 이 말씀은 시몬의 입장에서 이해하기 힘들었고 순종하기 어려웠습니다. 실패한 후였고, 그물도 씻어놓은 상태였고, 자기는 숙련된 어부였으며, 아침에 깊은데 가서 고기를 잡은 것이 상식에 어긋난 일이었습니다. 그러나 주님의 권위를 인정하고 순종하였습니다. 주님의 말씀에 순종하여 다시 도전한 것입니다. 주님의 말씀에 순종하여 다시 도전했을 때 놀라운 기적이 일어난 것입니다. 자기 열심이 바닥난 상태였지만 주님의 말씀에 전적으로 순종할 때 기적을 맛본 것입니다.

"다시 도전하라(Try again!)!" 그렇습니다. 비록 수없는 실패를 경험하였을지라도 주님의 음성을 듣고 말씀에 순종하여 다시 도전(Try again!)하면 주님께서 놀라운 능력을 베풀어 주실 것입니다. 하나님의 말씀 앞에 다시 엎드립시오. 주님의 음성이 들릴 때까지 묵상하시오. 말씀을 붙들고 기도하십시오. 주님의 뜻을 확인하고 순종하는 마음으로 다시 도전하십시오, 반드시 주님께서 도와주실 것입니다. 다시 도전하여 큰 열매를 거두고 하나님께 영광을 돌리시기 바랍니다.

※ 나누어 볼까요?

1. 내년에 믿음의 승리를 위해서 어떻게 해야 합니까?

🔵 합심기도합시다	금년을 잘 뒤돌아보고 내년을 설계하도록

기독대학인회(ESF:Evangelical Students Fellowship)는 사도행전 1장 8절에서 선포되고 있는 예수님의 지상명령에 근거하여 캠퍼스 복음화를 통한 통일성서한국, 세계선교를 주요 목표로 삼고 있는 초교파적 선교단체입니다.

ESP는 Evangelical Students Press의 약어로 기독대학인회(ESF)의 출판부입니다.

ESP(기독대학인회 출판부)는 다음과 같은 마음을 품고 기도하면서 일하고 있습니다.

첫째, 청년 대학생은 이 시대의 희망입니다.
둘째, 하나님 말씀인 성경을 사랑합니다.
셋째, 문서사역을 통하여 성경적 세계관을 정립해나갑니다.
넷째, 문서선교를 통하여 총체적 선교에 도움을 주고자 합니다.